변화의 시작

기적의
모험놀이
상담

박정일, 이지경 지음

i-Scream

추천의 말

아이를 철들게 하는 방법은 따로 없어요! 같이 놀아주면 자동으로 철이 들어요.

수년 동안 많은 학생들과 상담을 진행해보니 아이들의 행동에는 모두 이유가 있었어요. 그래서 아이들 스스로 그 당시 심리적, 육체적 상황이 어땠는지 원점에 서서 자신을 되돌아보게 만드는 과정은 매우 중요합니다. 그리고 그 시작은 아주 세심하게 이루어져야 합니다.

모험놀이는 바로 이 과정에서 아이들을 무장해제 상태로 만들어줍니다. 과거나 자신의 상황에서 딱 벗어나 새로운 나를 만나게 해주지요. 하면 할수록 흥미와 재미가 더해지는 모험놀이상담은 정말 보물이에요.

대화하기 곤란한 아이, 나쁜 행동으로 지적받은 아이 등 세심한 상담이 필요할 때, 말없이 말을 거는 방법으로 상담을 시작해 보면 아이들의 진심을 들여다보는 데 도움이 될 것입니다. 저의 인생을 바꾸어준 모험놀이, 함께 함으로써 마음을 열 수 있는 모험놀이를 여러분들도 접해보시기를 권합니다.

방승호 (노래하는 교장선생님, 『기적의 모험놀이』, 『우리집 모험놀이』, 『마음의 반창고』 저자)

내용을 쉽고 재미있게 전달하는 강의를 하고 싶었습니다. 모험놀이상담에 참여하면서 '아하'라는 탄성이 터져 나왔습니다. 비폭력 대화의 목표인 연결을 바로 그 자리에서 몸으로 경험할 수 있었습니다. 재미있게 즐겁게 너와 내가 하나가 되는 모험놀이상담! 정말 고맙습니다.

김미경 작가 (『청소년을 위한 비폭력대화』, 『어린이를 위한 비폭력 대화』 저자)

2013년 1학기 학생 간부 수련회에 박정일 선생님을 초빙해 체육관에서 리더십 트레이닝을 진행한 적이 있습니다. 모험놀이를 진행하자 약간 쌀쌀한 삼월의 날씨였음에도 50여 명이 넘는 학생들의 참여 열기로 체육관이 달아올랐습니다. 형식은 놀이였지만 그 과정 하나하나에 성찰과 성장이 이루어지고 있었습니다. 그 해부터 학생들이 수련회 등의 학급 자율 시간이 주어지면 회장단이 주도하여 이때 배운 모험상담을 이끌었습니다.

　서양 교사들에게는 미국 벤자민 프랭클린의 "말로 하면 잊게 되고 보여 주면 기억할지 모르지만, 참여시키면 이해하게 된다."는 격언이 유명합니다. 모험놀이상담은 말이나 이미지가 아닌 온몸으로 하는 완벽한 체험 학습입니다. 그런데 이 격언이 공자님 말씀을 벤자민 프랭클린이 소개한 것으로 검색이 됩니다. 모험놀이상담은 아주 오래된 미래입니다.

송형호 (돌봄치유교실 고문, 『교사 119, 이럴 땐 이렇게』, 『송샘의 아름다운 수업』 저자)

모험놀이상담 전문가가 된 이야기

• 우연히 알게 된 모험놀이상담

2003년 초 어느 날, 학교에서 공문을 살펴보던 중이었습니다. 우연히 모험놀이상담을 함께 공부할 교사를 선발한다는 공문을 보게 되었고 그날의 선택이 지금의 나를 있게 할 줄은 꿈에도 몰랐습니다.

그때의 나는 뒤늦게 교직에 들어와 학급 운영에 고민이던 시기였습니다. 그래서 아이들과 함께 해볼 만한 이런 저런 활동을 찾고 있었는데, 마침 교사들이 함께 모험놀이를 연구한다는 점에 이끌려 무작정 발을 들여놓게 되었습니다. 지금은 그때의 선택이 축복이라 여기게 되었지요.

• 하다 보니 유익함을 알게 된 모험놀이상담

모험놀이상담은 아이들에겐 그저 놀이일 수 있습니다. 즐겁게 뛰어놀고 에너지를 소비하는 활동일 뿐입니다. 하지만 아이들은 바뀌었습니다. 활동의 목표를 달성하기 위해 서로 협력하고, 그 과정에서 다른 친구의 의견을 받아들이기도, 친구들을 설득하기도 하였습니다. 그리고 친구들의 생각이 자신과 다를 수 있음을 자연스럽게 깨닫게 되었습니다. 아이들은 그저 놀았을 뿐일텐데 말입니다.

• 지나보니 즐거움과 성장을 가져온 모험놀이상담

모험놀이상담을 접하고 처음 다가온 변화는 아이들에게 명령조의 말보다 부탁조의 말을 더 많이 사용하게 되었다는 것입니다. 아이들과 함께 모험놀이활동을 하며 따라하게 된 리더십 스타일 때문이었습니다. 비소로 무뚝뚝하지만 먼저 다가갈 수 있는 교사가 된 것입니다.

그리고 학급운영과 수업에서 하나의 거대한 무기를 거머쥐게 된 기분이 들었습니다. 이 같은 기분은 학급에서 뿐만 아니라 수업에서도 모험놀이상담을 실시하게 된 이후부터였습니다. 아이들과 모험놀이상담 활동만 했을 뿐인데, 아이들이 즐거웠다고 말하고, 수업이 재미있다고 말하기 시작했습니다. 그리고 이런 변화는 저를 아이들에게 먼저 다가갈 수 있는 교사, 도전하는 교사로 만드는 원동력이 되었습니다.

CONTENTS

Chapter

아이들의 인생을 바꾸는 모험놀이

Chapter

실전, 모험놀이로 한 발 다가가기

Chapter

3 **아이들에게 찾아온 놀라운 변화들**

모험놀이상담은 아이들에겐 그저 놀이일 수 있습니다. 하지만 아이들은 바뀌었습니다. 활동의 목표를 달성하기 위해 서로 협력하고, 그 과정에서 다른 친구의 의견을 받아들이기도, 친구들을 설득하기도 하였습니다. 그리고 친구들의 생각이 자신과 다를 수 있음을 자연스럽게 깨닫게 되었습니다. 아이들은 그저 놀이를 했을 뿐인데 말입니다.

아이들의
인생을 바꾸는
모험놀이

대화가 싫다는 아이들,
어떻게 해야 할까

● **변화의 시작**

'다함께 일어서'라는 활동이 있습니다. 이 활동은 분위기가 갖추어진 후 실시하는 문제 해결 활동입니다. 처음엔 둘이서 손을 맞잡고 일어서고, 이후 세 명이 손을 맞잡고 일어섭니다. 다음은 네 명이 손을 맞잡고 일어섭니다. 이렇게 여섯 명, 여덟 명, 전체 인원의 반, 전체 인원이 다함께 손을 맞잡고 일어서는 활동입니다. 규칙이라곤 발바닥과 엉덩이를 바닥에 붙이고, 동시에 일어서며, 일어선 후 발바닥이 땅에서 떨어지지 않은 채 5초를 견디는 것이 다입니다. 하지만 '다함께 일어서' 활동은 네 명부터 본격적으로 어려워지기 시작합니다.

　네 명이 활동을 하게되면 두 명이서 일어서던 방식으로는 일어설 수 없게 되며, 다른 방법을 찾아야 하는 것입니다. 그리고 다시 인원이 보다 많아지게 되면 네 명, 여섯 명이 사용하던 방법으로도 일어서기 힘들어 집니다. 또한 다함께 일어설 수 있는 방법을 찾았다고 하더라도 많은 인원이 동시에 일어서는 과정은 험난할 수밖에 없습니다.

하지만 '다함께 일어서'라는 활동은 성공할 확률이 매우 높습니다. 한두 명의 아이가 의견을 제시하고, 그 의견을 다른 친구들이 받아들여 행동에 옮기게 되는 순간부터 성공으로 나아가게 됩니다.

• 사회관계 기술

친구들의 의견을 비판 없이 실행에 옮겨 봅니다. 그리고 성공하면 그 방법대로 계속 해보면 될 것입니다. 그러나 실패한다면 또 다른 의견을 받아들이는 과정을 연습합니다. 이 과정에서는 목소리가 큰 아이의 의견이 암묵적으로 받아 들여 지기도 하며, 목소리가 작은 아이의 의견이 받아 들여 지기도 합니다. 인기 있는 아이의 의견이 받아 들여 지기도 하지만 눈에 띄지 않던 아이의 의견이 받아 들여 지기도 합니다. 물론 다툼이 발생하기도 합니다. 하지만 모두의 바람은 의견을 제시한 사람의 현재 모습이 아닌 의견 자체에 집중하게 만듭니다. 그러면서 유대감이 생기고, 공동체 의식이 싹트며, 그 상황에 적합한 리더가 출현하며, 올바른 의견을 제시한 사람에게 책임감을 발휘하게 합니다.

• 신체 정신적 기술

다양한 의견에 따라 수많은 시도를 하다 보면 땀이 날 수 밖에 없습니다. 풀리지 않는 시간 속에서 참가자들은 인내의 과정을 거치며, 체력의 소모를 이겨내게 됩니다.

• 긍정적 가치

시간이 지남에 따라 참가자들은 다른 참가자들의 의견을 자연스럽게 받아들이게 될 것입니다. 내가 힘들면 친구들도 힘들다는 것을 깨닫게 됩니다. 최초 제시된 3가지 규칙을 지키지 않고 활동을 성공했을 때와 제시된 규칙을 모두 지키고 성공했을 때의 차이를 느끼게 될 것입니다.

• 자아존중감

마지막으로 많은 시도와 그 과정에서 어려움을 이겨내고 성공했을 때 모두가 스스로 해냈다는 기쁨에 젖어 환호성을 지르게 될 것입니다. 이러한 환호성은 참가자들에게 해냈다는 느낌과 자신이 이 활동의 성공에 기여했다는 작지만 뿌듯함으로 표현하는 것입니다.

'다함께 일어서'와 같은 모험놀이상담 활동에 푹 빠져 성공 경험을 여러 차례 겪게 되면 자연스럽게 의사소통 능력, 협력, 문제 해결력, 창의성 등이 길러지게 됩니다. 그리고 21세기의 복잡한 문제들을 헤쳐 나갈 수 있는 힘이 길러질 것입니다.

모험놀이상담은?

• 모험: 진정한 배움은 모험을 감수하는 것

아이들은 자전거를 배울 때 넘어져 다칠 수도 있다는 것을 알고 있습니다. 그렇다고 학교 운동장에서 자전거를 배우다 병원 중환자실에 입원할 것이라고 상상하지는 않습니다.

자전거를 배운다는 것은 감내할 만한 모험을 받아들인다는 것을 의미합니다. 아이들은 여러 차례 계속되는 시도를 통해 결국 자전거를 타게 될 것이고 도전과 재도전을 통해 성공을 경험하게 될 것입니다. 모험은 무언가 바라지 않을 때 시작됩니다. 중요하기에 포기하지 않고 스스로 이루었을 때 기쁨의 춤을 추게 될 것입니다.

• 놀이: 즐거움의 다른 말은 자발성

놀이의 핵심은 '즐거움'입니다. 모험놀이는 아이들에게도 무척 즐거운 놀이이기에 참여의 마음을 샘솟게 합니다. 때문에 서로 다투고 실망해도 다시 놀이에 참여할 수 있습니다. 즐겁기에 함께하게 되며, 즐겁기에 양보도 하며, 즐겁기에 몰입하게 됩니다. 그래서 놀이는 즐거움과 함께 또 다른 부수적인 이익을 낳습니다.

• 상담: 재미를 넘어 성장으로 이끄는 모험놀이상담

모험놀이상담은 온 몸을 사용하는 비경쟁 협력 놀이입니다. 이기고 지는 것은 거의 없습니다. 그저 즐겁게 노는 것입니다. 그리고 잠시 활동을 되돌아보며 서로의 생각을 나누고, 그 생각들을 삶에 적용해 보도록 이끌어 줍니다.

• 모험놀이상담이란?

모험놀이상담[1] 활동은 Outward Bound[2]의 설립자인 Kurt Hahn(1886
~1974, 독일 교육자)에 의해 시작 되었습니다. 이후 듀이의 경험 교육과 만나고, Outward Bound movement 정신에 의해 1971년 Jerry Pieh가 설립한 Project Adventure[3]와 더욱 발전하게 되었습니다. 이후 다양한 분야에서 다양한 교육 상황에 직접 투입되고, 수정되면서 지속적으로 발전되어 왔습니다.

최근에는 모험놀이상담의 초기 활동들과 다양하게 발전·분화된 활

---

[1] 모험놀이상담(Adventure Based Counseling)은 집단의 공동 해결과제를 신중하게 계열화시켜 집단 내에서 재미, 협동심, 인내력, 창의력, 신뢰에 기초한 왕성한 의사소통과 역동적인 활동 과정을 통해 행동에 대한 성찰과 반성을 이끌어 내는 심리·정신적 성장을 촉진하는 집단상담모델(Schoel & Maizell, 2002)이다.

[2] Outward Bound는 커다란 배가 항구를 떠나는 순간을 나타내는 해양 용어로서 2차 세계대전 당시 어린 선원들의 생존을 위한 훈련 과정으로 시작된 운동이자 1941년 Kurt Hahn과 Lawrence Holt가 영국에 설립한 국제 교육 학교 네트워크이다.

[3] Project Adventure는 미국의 Massachusetts 주의 Beverly에 위치한 국제 비영리 교육 기관이다. Project Adventure의 사명은 모험에 기반한 경험적 프로그래밍의 확장에서 리더십을 제공하는 것이며, 1971년 국가 보조금 사업으로 실시된 프로젝트에서 시작되었다.

동들을 '모험교육(Adventure Education)'이라는 하나의 이름으로 부르고 있습니다. 나아가 모험교육 분야에서 이루어지는 여러 모험놀이들이 활동 자체 보다 촉진이라는 부분을 보다 중요시하게 되었습니다. 이로 인해 '촉진 중심 모험놀이'라는 말이 사용되고 있으며, 이러한 모험교육의 분야를 나타낸 것이 아래 그림입니다.

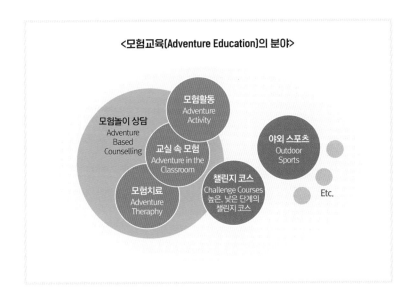

• 모험놀이를 상담으로 만드는 재료들

존듀이는 교육을 '계속적인 경험의 재구성'이라 하였습니다. 모험놀이 상담 활동은 참가자들에게 특별한 경험을 제공합니다. 협력에 대한 경험, 타인의 의견과 자신의 의견을 들어보는 경험, 친구들의 해결책을 따라해 보는 경험, 성취감을 느끼게 하는 경험, 만족감을 느끼게 하는 경험, 배려의 경험, 정직함에 대한 경험, 카타르시스에 대한 경험, 도전과

희열에 대한 경험, 자기 자신을 사랑할 수 있는 경험 등이 그것입니다.

그리고 참가자들은 자신들의 경험을 되돌아보고, 다른 상황에서 재시도해 볼 수 있도록 경험의 의미를 되새김질하게 됩니다. 이 과정에서 모험놀이상담 활동을 진행하는 촉진자[4]는 이러한 되새김질의 과정이 보다 유의미해질 수 있도록 돕습니다.

일상으로 돌아갔던 참가자들은 다시 모험놀이상담 활동을 통해 이전과는 달라진 모습으로 유사하지만 새로운 경험 앞에 놓이게 됩니다. 이처럼 모험놀이상담 활동은 연속되는 특별한 경험들 사이에서 자신과 우리들의 활동을 되돌아보는 시간을 가지며, 그러한 시간들로 인해 성장으로 나아가는 선순환의 구조를 지향합니다.

경험적 교육을 중시하는 모험놀이상담은 비경쟁 협력활동을 통해 참가자들의 바람직한 성장과 의미를 되돌아 볼 수 있는 특별한 경험을 제공합니다. 그리고 특별한 경험은 놀이의 형태를 띠고 있어 참가자들이 스스로 활동을 즐기게 할 뿐 아니라 그들 스스로 주어진 문제의 해결방법을 발견하고 성공을 위한 다양한 시도를 하게 만듭니다. 그리고 자신들의 경험에 대해 깊이 생각해보는 시간을 통해 새로운 시각과 새로운 태도, 새로운 방법들을 익혀나갑니다.

모험놀이상담 활동은 활동 자체만으로도 참가자들이 유의미한 성장을 경험할 수 있습니다. 하지만 참가자들이 어떻게 성장하는지, 왜 성장하는지, 지식을 가진 모험놀이상담 활동 촉진자라면 참가자들이 활동

---

4 모험놀이상담(Adventure Based Counseling) 활동을 진행하는 리더를 촉진자(Facilitator)라 한다.

의 목적에 보다 깊이 있게 다가갈 수 있는 경험을 제공할 수 있을 것입니다. 이를 위해 다음 세 가지 이론에 대한 이해도를 높일 것을 추천합니다.

첫째, 존듀이의 경험주의 교육이론이 있습니다. 모험놀이상담은 활동의 경험과 일상의 경험을 모두 아우르고 있습니다. 따라서 존듀이의 경험주의 교육이론에 대한 이해는 모험놀이상담 활동의 경험을 일상의 경험과 연결 짓는 깊이 있는 아이디어를 제공할 수 있습니다.

둘째, 어린 아이들이 어떻게 배우는지를 관찰하는 연구를 통해 발전시켜온 엘레 노어 덕워스의 학습이론이 있습니다. 그녀는 '놀라운 생각을 갖는 것은 지능 발달에 필수이다'라고 말합니다. 또한 '놀라운 생각은 다른 사람의 놀라운 생각 위에 세워진다'고 말하고 있습니다(Duckworth, 1987). 이러한 덕워스의 말은 학습의 과정에 대해 말하는 것입니다. 덕워스의 학습이론은 모험놀이상담 촉진자로서 참가자들이 놀라운 생각을 할 수 있도록 도와주고 기회를 제공할 수 있어야 함을 의미합니다.

셋째, 모험놀이상담 활동에 적용할 만한 가장 일반적인 이론으로는 콜 버거의 경험학습 이론[5]이 있습니다. Kolb의 경험학습 사이클은 네 단계(구체적 경험-성찰적 관찰-추상적 개념화-실천적 실험)가 있습니다. 구체적 경험과 추상적 개념화는 우리가 어떻게 경험을 흡수하는가에 초점을 두는 반면에 성찰적 관찰과 실천적 실험은 우리가 경험을 어떻게 다루는가를 설명합니다(Kolb, 1984). 모험놀이상담 활동의 경험에 대해 콜

---

5 D.A. Kolb, 1984, 경험 학습(Experiential learning) : Experience as the source of learning and development (New Jesey : Prentice-Hall, Inc.).

버그의 경험학습 사이클은 활동 자체에 대한 경험 후에 우리들이 경험한 것이 무엇이며, 그래서 그것들이 어떤 의미이고, 지금은 어떻게 하고 싶은가에 대한 질문으로 적용될 수 있습니다.

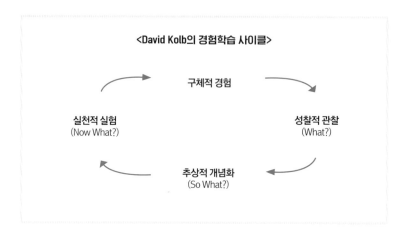

<David Kolb의 경험학습 사이클>

구체적 경험

실천적 실험
(Now What?)

성찰적 관찰
(What?)

추상적 개념화
(So What?)

그리고 참가자들의 깊이 있는 경험과 그 경험으로부터의 성장과 배움을 위한 모험놀이상담활동의 핵심적인 개념을 소개하면 다음과 같습니다.

첫째, 긴장 구역 체험입니다. 사람들은 보통 세 가지 상태 혹은 구역에 놓여있습니다. 첫 번째는 안전 구역으로 평온하고 불안이 없는 상태입니다. 두 번째는 긴장 구역으로 흥미를 유발하고 감각이 살아나며 약간의 불안감이 있는 상태입니다. 세 번째는 공포 구역으로 긴장감이 고조되고 다량의 아드레날린이 분비되는 공포 상황으로 성장과 배움이 일어나기 어려운 상태입니다.

여러분은 흔히 시험에 임박했을 때 보다 집중할 수 있으며, 공부가 잘 된다는 이야기를 들어 보았을 것입니다. 사람들은 이처럼 긴장 구역에 있을 때 성장과 배움이 크다는 것을 경험적으로 알고 있습니다. 모험놀이상담은 이런 다양한 형태의 긴장 구역을 조성하여 참가자들을 긴장 구역에 발을 들이도록 만듭니다. 예를 들어 태그 활동에서 터치 당하지 않기 위해 집중하는 낮은 수준의 긴장 상황부터 '트러스트 폴' 활동에서 몸을 꼿꼿하게 세우고 높은 곳에서 뒤로 떨어지는 강도 높은 긴장 상황, '쉿! 비밀이야' 활동에서 자신의 사소한 비밀을 공개하거나 '별난 만남' 활동에서 우스꽝스러운 행동을 다른 사람 앞에서 해야 하는 긴장 상황까지 다양한 긴장 상황을 유도합니다. 하지만 이러한 긴장 상황에서 참가자들이 다치지 않거나 무시당하지 않으리라는 믿음을 가지게 된다면 보다 특별한 성장의 기회가 생길 것입니다. 참가자들의 성장이나 배움을 촉진하는 방법이 긴장 구역에서의 체험활동만 있는 것은 아니지만 긴장 구역에서의 체험이 성장과 배움의 폭을 넓히는 것은 분명합니다.

둘째, 선택에 의한 도전(Challenge by Choice)입니다. 모험놀이상담 활동은 참가자들이 잘 성장할 수 있도록 체험 단계를 스스로 선택할 수 있는 과정이 녹아들어야 합니다. 이때 사용되는 개념이 '선택에 의한 도전' 입니다. 이는 참가자들이 어려운 과제에 도전하도록 유도하기보다 목표를 이루

<안전 속에 존재하는 세 구역, 혹은 상태>

공포 구역
(Panic zone)

긴장 구역
(Stretch zone)

안전 구역
(Comfort zone)

기에 가장 적절한 체험의 수준을 선택하는 권리를 주는 것입니다. 참가자들이 함께 이야기를 나누고 스스로 어떤 도전을 할지 선택할 수 있게 된다면, 참가자들은 긍정적인 결정을 하는 방법과 언제나 적절하게 도전할 수 있는 사람으로 성장할 수 있을 것입니다.

선택에 의한 도전은 이미 활동에서 빠지는 선택을 했던 참가자에게 계속해서 활동에서 빠지는 것을 허락하지는 않습니다. 참가자들이 공포 구역으로 몰리는 상황을 피하면서, 자기의 안전 구역에도 남지 않으며, 자기의 긴장 구역에서 안전하게 활동하는 방법을 경험해야 합니다. 이를 위해 참가자들은 언제 어떤 방식으로든 참여할 권리가 있으며, 또한 항상 가치 있는 경험을 해야 하며, 활동에서 빠지는 것은 적절하지 않으며, 다른 참가자들의 결정을 존중해 주는 방향으로 모험놀이상담 활동이 진행되어야 합니다.

셋째, 목표 계약(Full Value Contract)입니다. 목표 계약은 그룹의 구성원과 촉진자 모두의 상호 계약으로 그룹이 목표를 향해 움직이는 동안 그룹이 어떻게 운영 될 것인지를 합의하는 것입니다. 이러한 합의는 모험놀이상담 활동을 시작하기 전에 합의가 이미 시작되는 것이며, 활동의 초반부터 마지막 순간까지 지속적으로 합의해 나가는 과정을 내포하고 있습니다. 목표 계약의 가치는 구성원 자신의 가치와 구성원 서로의 가치, 학습 커뮤니티의 가치, 학습 경험에의 가치를 모두 포함합니다. 그리고 목표 계약은 그룹이 활동하는 과정에서 격려나 목표 설정 또는 목표에 대한 합의, 그룹에서의 토론, 너그러움, 직면의 상황들을 통해 표현됩니다.

이러한 목표 계약이 모험놀이상담 중에 올바로 형성되기 위해서는 서로 협력해야 하며, 신체 및 정신적으로 안전하게 활동해야 하고, 공동의 목표에 부합되며 생산적이도록 정직한 피드백을 주고받아야 합니다. 자신이나 다른 그룹의 구성원을 나쁘게 만드는 행동을 하지 않도록 행동하는 것이 중요합니다.[6]

넷째, 행동 계약(Behavioral Contracts)입니다. 참가자들이 스스로 긴장 구역으로 가도록 선택하는 일은 참가자가 신체적·감정적으로 안전하다고 느껴야만 가능합니다. 목표 계약과 함께 행동 계약은 참가자들이 그룹 내에서 지켜나갈 행동규범을 만드는 과정이기 때문에, 이 과정은 서로에게 쓸모 있는 사람임을 느끼며 서로 감사하는 분위기를 조성하여 그룹 안에서 만족감을 얻을 수 있는 행위입니다.

행동 계약이 형성되는 과정은 그룹의 모든 가치 속에서 서로 안전하고 존중하는 행동 규범을 이해하고 만드는 과정입니다. 그리고 이 규범을 허락하고, 유지하는데 조금씩 책임을 지는 과정 속에서 공고해 질 수 있습니다.

• 모험놀이 활동을 상담으로 이끄는 구체적 과정

처음 만난 사람들끼리 어색한 기류가 흐르는 것은 당연할 일입니다. 그렇다면 어색한 사람과 모둠 과제를 수행해야 한다면 어떨까요? 모든 단체 활동에서 관계는 무시할 수 없습니다. 모험놀이상담 또한 관계 속에서 이루어지는 활동입니다. 따라서 모험놀이상담 활동의 진행 과정 역시 참가자들 사이의 관계를 풀어나가는 방향으로 진행됩니다. 즐겁고

---

6 https://www.outdoored.com/documents/guide-full-value-contract

재미있는 분위기를 만드는 것이 가장 우선시 되어야할 것입니다. 따라서 모험놀이상담의 진행은 가장 먼저 분위기를 훈훈하게 만들고, 그러한 분위기 속에서 재미있게 활동에 몰입하고, 몸과 마음을 가라앉혀 그동안의 활동을 되돌아보는 과정을 거칩니다.

모험놀이상담 활동의 진행 과정을 조금 구체적으로 살펴보면 상호인식, 분위기 조성, 신뢰, 문제해결, 마무리 활동 순으로 진행됩니다. 서로를 알아가며 분위기를 띄우고, 서로 협력하여 친해지는 시간을 가진 후, 신뢰를 확인하거나 형성하고, 다함께 주어진 문제에 도전하며, 이들 전체 과정을 되돌아보는 시간을 가지는 순서입니다.

모험놀이상담 활동의 유형을 다시 짚어보면, 상호인식 활동은 Icebreaker 활동에 해당합니다. 활동은 재미있고 단순하게 짧은 시간 내에 할 수 있는 활동으로 참가자가 다른 사람들과 편안함을 느끼게 하고, 서로를 알아가게 하는 활동입니다.

분위기 조성 활동은 Cooperative Activities에 해당합니다. 이 활동은 모두가 참여하여 더 재미있는 활동입니다. 나아가 목표 계약의 개념을 생각하게 만들기도 하며, 안전에 대한 의견을 나누거나 활동 자체를 되돌아보고 의견을 나누기에 적절한 형태의 활동입니다. 따라서 분위기 조성 활동에 몰입하게 되면 문제해결 활동의 수준이 높아지는 결과를 가져올 수 있습니다.

신뢰활동은 Trust Activities에 해당합니다. 신뢰 활동은 그룹 내의 신뢰 수준을 측정하거나 신뢰를 형성시키는 활동입니다. 감정적이거나 신체적인 위험을 수용하는 과정을 수반하며, 참가자들은 자신 뿐 아니라 모두의 안전을 위해 협력하게 됩니다. 대부분의 모험놀이상담 활동 진행자들은 안대를 사용하거나 눈을 감는 활동을 신뢰 활동으로 구분하기도 합니다.

문제해결활동은 Initiative 활동에 해당한다. 이 활동은 주어진 문제를 해결하는 문제해결활동이면서 팀 활동입니다. 여기서 도전(Initiative)하게 되는 범주에는 한 지점에서 다른 지점으로 한 가지나 그 이상의 물건을 옮기거나 특별한 모양으로 옮기는 운반(Transport), 어떤 것을 쌓거나 문제에 대한 답을 찾는 창작(Creation), 물건을 되찾거나 특별한 방법으로 다루는 회수(Retrieval)의 세 가지 범주가 있습니다. 세 가지 범주의 도전 문제들은 모두 참가자들이 도전 수준을 받아들이고, 함께 소통하며, 서로 타협하고, 실수와 시도의 과정을 거치게 됩니다. 이 과정에서 참가자들은 좌절하기도 하며, 성공으로 나아가는 과정 속에서 서로 돕고 격려하는 방법과 사회적 기술 및 리더십 기술을 익히게 됩니다.

문제해결 활동에는 도전의 수준이 매우 높고, 별도의 시설물을 이용하며, 야외에서 주로 이루어지는 낮은 단계 로프 코스(Low-Element Challenge Course) 및 높은 단계 로프 코스(High-Element Challenge Courses)도 있습니다. 이들 활동은 모험놀이상담 활동의 발달 초기부터 별도의 활동으로 분화되어 발전해 왔기에 아예 별도의 활동으로 취급하기도 하며, 사용되는 용어도 여러 가지입니다. 낮은 단계 로프 코스 활동은 높이 2m 이하의 시설물에서 주로 이루어지며, 높은 단계 로프 코스 활동은 높이 8m 이상의 시설물에서 이루어지기 때문에 등반용 기구들이 함께 사용됩니다.

마무리 활동은 모험놀이상담 활동의 전체 과정을 마무리하는 의미를 담은 활동을 말합니다. '유종의 미'라는 말처럼 그동안의 활동 내용을 보다 의미 있게, 어떤 방향성을 가지고 참가자들이 스스로 되돌아보는 종류의 활동입니다.

지금까지 우리는 모험놀이상담 활동이 이루어지는 하나의 회기 관점에서 진행 과정을 살펴보았습니다. 그렇다면 이제 개별 활동의 진행 과정에 대해서도 살펴보겠습니다. 앞서 이야기와 마찬가지로 분위기를 띄우고, 활동에 몰입한 후, 활동을 되돌아보는 과정이 개별 활동에도 적용됩니다.

모험놀이상담의 개별 활동 진행 과정은 모험 곡선으로 설명됩니다. 이 모험 곡선은 대다수의 체험적 수업이나 프로그램의 이상적인 진행 방법이기도 합니다. 정보나 지시를 전달하는 브리핑 단계는 활동의 진행 방법과 주의사항에 대한 정보를 소개하기도 하지만 활동을 진행하기 위한 여러 가지를 준비하는 단계이기도 합니다. 이를 테면 활동에 필요한 도구나 설치물을 참가자들과 함께 준비하면서 활동 안내를 하거나 시범을 통해 활동을 안내하게 됩니다.

실제 활동이 진행되는 두잉(doing) 단계는 참가자들이 직접 활동에 참여하면서 몰입하는 단계입니다. 이러한 몰입의 결과, 참가자들은 공동으로 규칙을 개선하거나 도전의 수준을 조절하여 활동을 하게 됩니다.

방금 실시한 활동에 대한 보고를 받는 디브리핑 단계는 참가자들이 활동을 통해 느낀 것이나 알게 된 것을 알아보고, 그것들의 의미와 실생활에서 이와 유사한 상황에 대해 서로 이야기를 나누게 됩니다. 이를 테면 '조금 전에 무슨 일이 일어났나?', '그래서 무슨 일이 생겼나?', '지금은 무슨 일이 일어나고 있는가?'에 대한 질문을 주고받는 것입니다.

디브리핑은 모험놀이상담에서 "참여자의 학습을 촉진하고 모험놀이 활동을 넘어 삶에 전이시키기 위해 모험적인 경험 후에 일어나는 구두의 논의"라는 뜻으로 사용됩니다. 디브리핑 기술은 모험놀이상담 전문가가 되기 위해 절대 소홀히 다루어서는 안 되는 분야로 취급하고 있습니다.

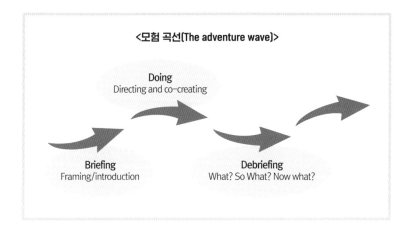

<• 모험놀이상담을 성공으로 이끄는 요소

모험놀이상담 활동을 하고 난 다음 참가자들의 소감을 들어보면, '재미', '협동', '또 해요!'와 같은 단어를 쏟아냅니다. 이처럼 참가자들의 입에서 긍정적인 소감이 나오게 되는 비결은 무엇일까요? 활동의 진행자인 촉진자가 어떤 부분에 신경을 쓰면 이런 결과를 가져오게 될까요? 모험놀이상담을 성공으로 이끄는 요소를 살펴보면 다음과 같습니다.

첫째, 신뢰하는 분위기입니다. 촉진자의 우스꽝스러운 시범에 참가자들이 비웃지는 않을 거라는 믿음이 쌓이면 활동은 재미를 더해갈 수 있습니다. 이러한 분위기는 참가자들이 또 다른 우스꽝스러운 행동의 시도나 격려의 박수를 자연스럽게 이끌어 냅니다. 이 과정에서 참가자는 그룹 구성원들이 서로를 의지하는 법을 배울 수 있습니다.

신뢰는 경험의 문을 여는 열쇠라고 합니다. 신뢰가 있어야만 새로운 경험의 문으로 들어설 수 있습니다. 단, 새로운 경험의 문을 여는 과정에서 신뢰가 싹트게 되는 것인지 이 둘을 구분할 필요는 없습니다. 다만 촉진자로부터 시작되는 활동의 시범과 설명에서부터 신뢰를 쌓아 나가는 것에 대하여 고민하는 것이 좋습니다.

둘째, 커뮤니케이션입니다. 신뢰와 마찬가지로 커뮤니케이션도 촉진자와 함께 시작됩니다. 처음 만난 집단이든 만난 지 오래된 집단이든 다수가 모인 상태에서 공동의 토론이 처음부터 자연스럽게 이루어지기는 어렵습니다. 우선은 촉진자가 어떤 이야기를 주제로 삼을 것인가가 가장 중요합니다. 이때 촉진자는 참가자들에게 동의를 구하고, 참가자 역시 다른 동료 참가자들에게도 동의를 구하는 모습들은 커뮤니케이션의 한 과정이 됩니다.

셋째는 재미입니다. 재미는 그 자체가 목적이기도 하지만 모험놀이 상담 활동의 강력한 도구로 사용됩니다. 재미있지 않다면 참가자를 활동에서 멀어지게 만들 것입니다. 반대로 재미있다면 활동에 보다 열정적으로 참여할 수 있게 만듭니다. 참가자들의 자발적인 참여는 도전의 수준을 높이며, 디브리핑에 진지함을 더할 수 있습니다.

넷째, 협동입니다. 함께 한다는 것은 효과적일 수 있지만 항상 쉬운 것은 아닙니다. '다함께 일어서'라는 활동은 처음에 두 명이 서로 손을 맞잡고 일어나는 활동입니다. 이어 세 명, 네 명, 여섯 명, 참가자의 절반, 전체 순으로 인원을 늘리며 동시에 일어나는 활동으로 전개되는데, 마지막 단계에 다다르면 문제를 해결하는 방법을 알고 있더라도 단번에 성공하긴 힘든 상황이 닥칩니다. 이유는 발과 엉덩이를 바닥에 닿게 한 자세로 시작하며, 동시에 일어나고, 일어서서 5초간 발바닥이 땅에서 떨어지지 않아야 한다는 조건을 만족시키는 것이 쉽지 않기 때문입니다. 그러나 서로를 격려하며 단시간에 성공하기란 어렵지만 갈등을 지나 서로 협동하는 사이에 그것이 가능하게 됩니다.

활동을 진행하다보면 협동을 이끌어 내는 것에도 연습이 필요함을 알 수 있습니다. 단계적으로 인원을 늘려나가는 방법이야 말로 협동을 연습하게 만드는 최고의 방법입니다. 이 과정에서 촉진자가 주는 작은 도움이 서로 협동하는데 큰 영향을 끼치게 됨으로 촉진자는 어떤 도움을 어떤 방식으로 주어야 하는지 충분히 고민하면 좋습니다.

모험놀이상담 전문가로 가는 길, 디브리핑

• 질문, 디브리핑의 중심에 서다

재미를 넘어 배움으로 가는 길은 하나가 아닙니다. 하지만 예로부터 질문과 대화는 배움의 길에서 빼 놓을 수 없는 중요한 수단이 되어 왔습니다. 질문과 대화에 재미를 넘어 배움으로 가기 위한 일정한 방향성을 제시한 것이 '디브리핑'이며, 이 '디브리핑'을 촉진 중심 모험놀이상담에서는 매우 중요하게 취급하고 있습니다.

모험놀이상담에서 디브리핑(Debriefing, 복명)이란 '참여자의 학습을 촉진하고 모험놀이 활동을 넘어서 삶에 전이시키기 위해 모험적인 경험 후에 일어나는 구두의 논의'로 정의되고 있습니다. 모험놀이상담은 촉진자가 분위기를 띄우고, 놀이에 몰입하게 돕고, 이후 참가자들에게 일어난 모든 것을 질문과 대화를 통해 성찰하고 반성하게 하여 심리·정신적 성장을 촉진하는 활동입니다. 여기서 디브리핑은 성찰과 반성을 통해 성장을 돕는 모험놀이상담의 주요한 수단이자 목적이 됩니다. 따라서 모험놀이상담 전문가로서 디브리핑 역량을 높이는 것은 언제나 중요합니다.

• 디브리핑에도 성공 요소가 있다

우선 디브리핑의 성공 요소를 살펴보겠습니다. 첫째, 범위를 정해야 합니다. 모험놀이 활동을 실시하면 해당 활동과 관련하여 어떤 주제를 논의할 것인지, 논의 과정에서는 어떤 행동에 관심을 두어야 하는지 미리 정해 두는 것이 필요합니다. 범위를 정해 주는 것이 촉진자에게는 등대의 위치를 알려주는 것과 같습니다.

둘째, 목표를 정해야 합니다. 모험놀이 활동에도 각각의 목표가 있습니다. 재미있게 분위기를 띄우거나 주어진 문제를 해결하는 것입니다. 마찬가지로 디브리핑에도 목표가 있습니다. 디브리핑의 범위를 정하는 것이 목적을 분명히 하는 것이라면, 목표를 정하는 것은 어느 정도 수준까지 논의할 것인지를 정하는 것입니다. 함께 협력하는 것의 이로움을 알려주고자 할 때, 한 두 명의 협력에 대해 논의하는 것이 범위를 정하는 것이라면, 한 두 명의 협력을 나타내는 행동에는 어떤 것이 있는지 알게 하는 것이 목표가 될 것입니다.

셋째, 참가자가 책임감을 가지게 해야 합니다. 모험놀이 활동으로 가장 즐거운 사람은 참가자이며, 디브리핑 과정을 통해 배움을 얻는 사람 또한 참가자 자신임을 알게 해야 합니다.

넷째, 참가자의 동의를 구해야 합니다. 모험놀이 활동에 참여하는 것뿐만 아니라 안전 구역에서 긴장 구역으로 가는 것, 도전의 수준을 정하는 것, 다른 사람을 존중하는 것, 안전을 위한 활동의 규칙을 준수하는 것 모두 참가자의 동의는 중요합니다. 이러한 동의는 모험놀이 활동 시작 시 한꺼번에 이루어지기보다 활동 과정에서 수시로 이루어지는 것이 바람직합니다. 이러한 참가자의 동의는 스스로 활동에 참여하게 만들며, 책임감 또한 배가시킵니다.

다섯째, 참가자가 집중할 수 있게 해야 합니다. 다른 참가자들이 모두 발표자의 말에 경청하지 않더라도 촉진자는 발표자의 말을 경청하고 발표 내용을 알아야 합니다. 나아가 참가자들이 활동의 목표에 집중할 수 있도록 도와주며 디브리핑 주제에 집중하도록 만들어야 합니다. 이러한 분위기는 촉진자의 시범으로부터 시작됩니다.

여섯째, 촉진자는 설계자가 되어야 합니다. 활동의 순서와 시간 배분, 각 활동에 알맞은 디브리핑, 그룹의 분위기에 맞춘 디브리핑 내용과 논의 시간 등을 사전에 계획하고 상황에 맞추어 변경할 수 있어야 합니다.

일곱째, 마무리는 가장 중요한 단계입니다. 더 논의할 것이 없는지? 다음에 논의할 것은 무엇인지? 지금의 디브리핑에서 내린 결론은 무엇인지? 등의 것들을 확인하고, 그 결과 지금까지 함께 활동한 모험놀이 상담 활동과 디브리핑을 어떻게 마무리 할지 정하고 행동해야 합니다. 정리되지 않은 느낌은 오래가지 못하며, 사람들은 마지막 말과 행동을 보다 잘 기억한다는 점을 망각해서는 안 됩니다.

• 디브리핑의 요령을 알면 디브리핑이 쉬워진다.

낚시의 요체는 미끼를 던지고 기다리는 것입니다. 마찬가지로 디브리핑의 요령은 열린 질문을 던지고 기다리는 것입니다. 미끼를 던질 때는 어떤 미끼를 쓰느냐가 가장 중요합니다. 디브리핑에서 사용하는 열린 질문도 마찬가지입니다.

'오늘 아침 여기까지 올 때 어떤 기분이었나요?'

'오늘 아침 버스를 타고 여기까지 오셨는데, 어떤 기분이었나요?'

'오늘 아침 만원 버스를 타고 여기까지 오셨는데, 어떤 기분이었나요?'

위 세 질문처럼 열린 질문도 열린 정도가 다릅니다. 그리고 현재 기분의 원인은 매우 다양할 것입니다. 열린 질문은 마치 매우 큰 그물을 던져서 원하는 물고기를 잡는 것과 같습니다.

낚시꾼은 물고기가 미끼를 물었다고 무조건 낚싯대를 들어 올리지는 않습니다. 낚싯대를 들어 올리는 순간을 한 번 더 가늠해야 합니다. 마찬가지로 촉진자는 열린 질문을 던진 후 다시 한 번 질문을 던져야 합니다. 처음부터 참가자가 속내를 모두 털어놓지 않을뿐더러 자신의 기분을 스스로도 모두 알지 못하기 때문입니다. 따라서 이어지는 질문에 따라 보다 깊이 있는 대답이 나올 수 있습니다.

물고기가 잘 잡히는 자리가 있다면 낚시꾼은 그 자리를 고수할 것입니다. 마찬가지로 디브리핑에서도 의미 있는 부분이 있다면 여러 차례 질문을 던져 생각할 거리를 주는 것이 좋습니다. 이처럼 질문은 디브리핑의 효과적인 도구가 될 것입니다.

• 디브리핑 주제는 세 가지 방향을 벗어나지 않는다

'해본 적 있나요?' 활동은 술래가 가운데 발판 위에 서고, 참가자들은 동그랗게 술래 주변에서 의자에 앉아 있거나 발판 위에 서서 하는 활동입니다. 술래가 자신의 경험담을 질문으로 바꾸어 말하면 해당되는 사람은 술래가 서 있던 발판을 밟고 다른 자리로 가서 앉습니다. 이때 술래도 빈 자리를 찾아 가면 남는 사람이 자연스럽게 술래가 됩니다. 이와 같은 '해본 적 있나요?' 활동에서 나오는 경험담은 매우 다양합니다. 이를 대략적으로 구분하면 개인적인 경험과 한 명 내지는 두 명이 경험한 것, 모두가 경험한 것으로 구분할 수 있습니다. 활동을 마친 후 촉진자는 어떤 경험을 가지고 디브리핑을 할 것인지를 결정해야 합니다.

　이와 같은 상황은 다른 활동에서도 마찬가지입니다. 모두가 경험한 것은 모임 전체의 문제와 관련되기 쉽고, 한 두 명이 경험한 것은 모임 구성원 사이의 문제이기 쉽습니다. 따라서 일반적이거나 논쟁적인 모임 전체의 문제를 디브리핑 주제로 삼을지? 모임 구성원 사이의 문제를 디브리핑 주제로 삼을지? 참가자 개인의 문제를 디브리핑 주제로 삼을지? 촉진자가 애초 계획했던 디브리핑 방향에 따라 결정해야 할 것입니다.

• 디브리핑의 방법

수업 시간에 핸드폰을 사용해 본 학생들이 꽤 있을 것입니다. 이런 종류의 경험은 모임 전체의 문제와 관련되어 있습니다. 이처럼 모임 전체의 문제와 관련된 문제를 간단하게 물어볼 수 있는 방법으로 엄지손가락을 이용해 표현하는 방법이 있습니다. 엄지를 위로 세우면 100점, 엄지를 옆으로 향하게 하면 50점, 엄지를 아래로 향하게 하면 0점으로 하여 100점 만점의 점수를 모두가 동시에 표현하게 하는 것입니다. 이후 왜 그러한 점수를 주었는지 묻고, 이어지는 다른 관련 질문을 할 수 있습니다.

다른 예로 같은 활동을 한 참가자들이 느끼는 소감은 각각 다를 수 있습니다. 이 경우 모든 참가자들에게 활동 소감을 한 단어로 표현하게 할 수 있습니다. 그리고 왜 그러한 단어를 선택했는지 물어보다가 참가자들이 특히 관심을 가지는 단어와 관련하여 단어 제시자가 아닌 다른 사람들에게 관련 질문을 할 수 있습니다. 이러한 방법은 소감이나 몇 사람이 공통으로 가지는 소감에 대해 추가적인 논의를 가능하게 합니다.

• 효율적인 디브리핑을 위한 촉진자의 태도

지금까지 모험놀이상담 전문가로 다가서기 위해 디브리핑과 디브리핑의 중심에 선 질문에 대하여 알아보았습니다. 이러한 디브리핑을 보다 자연스럽게 이루어지도록 하려면 어떻게 해야 할까요? 이는 촉진자의 태도와 관련이 깊습니다. 촉진자는 다음과 같은 사항에 유의하여 디브리핑을 진행하면 도움이 됩니다.

먼저 참가자들의 말과 행동을 평가하지 말아야 합니다. '그 말 너무 좋네요!'라는 말과 '그렇게 생각한다는 거군요!'라는 말은 그 의미가 사뭇 다릅니다. 촉진자의 반응은 의도치 않게 참가자의 말과 행동을 평가하게 되기에 매우 신중해야 합니다. 그리고 참가자에게 설명을 하기 보단 질문을 많이 해야 합니다. 설명은 무의식중에 촉진자의 생각을 전달하게 되지만 질문은 참가자들이 스스로 생각하게 만들 것입니다.

다음으로 솔직하게 동정심과 이해심을 보여주어야 합니다. 참가자들의 반응에 대해 있는 그대로 반응하고, 참가자의 아픔을 그대로 수용한다면 참가자들은 자신의 감정을 보다 자주 드러내게 될 것입니다. 이를 위해 촉진자가 솔선하여 참가자들의 감정을 받아들여야 합니다.

촉진자는 참가들의 말을 경청해야 합니다. 참가자 모두가 발언자의 말에 귀를 기울이지 않더라도 반드시 촉진자는 발언자의 말에 귀를 기울여야 합니다. 경청이야 말로 참가자가 감정의 문을 여는 열쇠가 됩니다. 한 사람의 말을 경청하는 것에서 시작하여 모두의 말을 경청하는 것은 참가자들이 논의나 토론에 보다 집중하게 만드는 초석이 될 것입니다.

마지막으로 참가자들의 행동을 유심히 관찰해야 합니다. 말을 하지 않았다고 느낌이나 생각이 없는 것이 아닌 것처럼 행동에도 느낌이나 생각이 묻어나기에 촉진자는 항상 참가자들의 행동을 관찰해야 합니다. 때론 말보다 행동이 더 많은 의미를 전달할 수 있습니다.

• 디브리핑 질문 사례

디브리핑을 위한 질문은 일반적으로 구체적인 질문에서 출발하여 추상적인 질문으로 나아갑니다. 구체적인 질문은 일어난 일 자체에 대한 질문인 경우가 많습니다. 반면 추상적인 질문은 보다 분석적이고, 상황을 종합하거나 평가할 수 있는 형태의 질문을 사용합니다. 그때의 감정이나 생각, 문제에 대한 질문은 추상적인 질문에 해당합니다.

"지금 우리가 한 활동은 어떤 활동이지? 너는 그 활동에 어떤 의미가 있다고 생각하니? 그 활동을 다시 해 본다면 너는 무엇을 할 수 있으리라 생각하니?" 이런 질문 사례와 같이 질문은 구체적인 것에서 출발하지만 이내 추상적인 질문으로 바뀝니다. 경우에 따라서는 처음부터 추상적인 질문을 하는 경우도 있습니다. 다만 어떤 질문이든 질문은 디브리핑을 위해 하는 것이며, 디브리핑 본래의 목적과 목표를 달성하기 위해 하는 것임을 잊지 말아야 할 것입니다.

다음은 디브리핑 시 사용하는 질문의 대표적인 사례들입니다.

<대표적인 디브리핑 질문 사례>

구체적 질문 사례

- ~할 때 너는 무엇을 했니?
- ~할 때 넌 어떻게 느꼈니?
- (지금) 무슨 일이 일어났니?
- ~할 때 너의 팀은 무엇을 했니?

분석과 종합, 평가와 관련된 추상적 질문 사례

- 너에게 가장 인상적인 것은 무엇이었니?
- (너의 일상과 관련하여) 가장 도전이 되었던 것은 무엇이었니?
- 그것에는 어떤 양식(스타일, 습관)이 있니?
- 어떤 것이 기억나니?
- 전에 이와 비슷한 도전을 해 본 적이 있니?
- 어떤 문제가 있다고 생각하니? 그래서 어떻게 했니?
- 너는 그들에게 무엇을 했니?
- 네가 여기에서 배운 것은 무엇이니?
- 다시 해 본다면 넌 무엇을 할 수 있을 것 같니?
- 활동하는 동안 너 자신에 대해 알게 된 것이 있다면 무엇이니?

감정을 들여다보는 질문 사례

- 오늘 활동 중이나 활동 후에 나타난 너의 감정은 어떤 것이었니?

모험놀이상담 활동을 통해 참가자들은 서로의 말에 경청하고, 배려의 경험을 하게 될 것입니다.
이런 경험이야 말로 진정한 배움과 성장의 시간이 될 수 있습니다.

실전,
모험놀이로
한 발 다가가기

01

갓차

수업이나 활동에서 오프닝은 매우 중요합니다. 서먹함을 덜어주면서
짧고 효과적인 오프닝 활동으로 손가락을 잡는 재미가 쏠쏠한 '갓차' 어떨까요?

- **활동목표:** 옆 사람의 손가락을 정해진 신호에 따라 잡기

- **장소:** 교실 또는 운동장

- **준비물:** 없음

- **적정인원:** 4~30명

- **소요시간:** 5분 내외

첫 만남의 자리. 가장 처음 활동을 시작하는 자리는 참가자나 촉진자 모두에게 어려운 자리입니다. 정말 단순하지만 수 십 년 동안 사랑받아온 활동을 소개하고자 합니다. 이 활동을 진행함으로서 약간의 긴장감과 약간의 서먹함을 버무려 모두의 마음을 푸근하게 만들 수 있기를 바랍니다. 이 활동은 모두가 하나의 원으로 연결되도록 만들고 약간의 여는 말로 시작하거나 서로의 서먹함을 드러낼 시간을 주지 않고 바로 시작합니다.

진행하기

❶ 모두 동그랗게 원을 만듭니다.
❷ 왼손은 손바닥이 위를 보게 활짝 펴고, 오른손 검지를 옆 사람의 손바닥 위에 올려놓습니다.

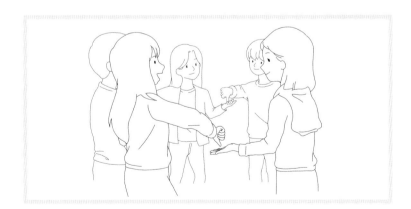

❸ "하나, 둘, 셋" 신호에 맞춰 왼손은 옆 사람의 검지손가락을 잡고 오른 손은 재빨리 피합니다.

❹ 활동의 흥미 유지를 위해 신호 지시자나 손의 위치, 잡는 방법을 바꾸어 실시해 봅니다.

촉진노트

- 이 활동은 오프닝 활동으로 자주 사용됩니다. 따라서 오프닝 활동의 특징을 고려하면 좋습니다. 너무 길지 않게 진행하고 관심이나 흥미, 즐거움을 제공하면서 여는 질문으로 이어가면 좋습니다.
- 참가자들이 실수를 해도 그저 함께 웃으며 빠르게 진행합니다. 그리고 "하나, 둘, 셋" 구호를 촉진자가 아닌 참가자 중 희망자가 외치도록 유도하여 참여의 즐거움을 선사합니다. 그리고 활동 후에 가볍게

여는 질문으로 분위기를 부드럽게 유도하며 다음 활동으로 이어가면 좋습니다.

디브리핑

- 처음 만나는 집단에서 어색함을 해소하는 방법에는 무엇이 있을까요? 아마 너도나도 어색해 하고 있음을 표현하게 하거나 자신의 이야기를 하게 함으로써 조금씩 심리적 부담감을 내려놓게 하면 좋을 것입니다. 그리고 나름의 기대감을 스스로 표현하게 하는 것도 좋습니다.

- 지금의 기분을 한 단어로 표현하게 하거나, 이 모임을 통해 자신이 어떤 모습이 되길 희망하는지? 올 해의 목표와 같은 짧지만 자신만의 이야기를 풀어낼 수 있는 단어를 말하게 하고, 한 명 내지 두 명에게 짧게 부연설명을 부탁해 본다면 활동의 시작 시점에서 참가자들의 분위기를 어느 정도 파악할 수 있으리라 기대합니다.

Tip 디브리핑을 위한 질문 예시

1 지금의 기분을 한 단어로 표현해 본다면?
2 올 한해를 시작하는 마음을 하나의 단어로 표현해 본다면?

구호를 바꾸어 해보기

❶ 보통은 "하나, 둘, 셋" 신호에 맞추어 활동을 합니다. 그러나 진행자가 "돌돌돌돌~" 하면 참가자 중 아무나 "스톱!"을 외치게 하는 등의 다른 구호를 사용할 수도 있습니다.

❷ 만약 친숙한 집단이라면 어제의 활동을 되돌아보는 의미에서 특정 아이의 이름이나 특정한 단어를 정해 이야기를 해나가다가 해당 이름이나 단어가 등장하면 손가락을 잡도록 하는 방법도 재미있습니다.

손의 모양을 바꾸어 해보기

❶ 잡는 방법을 달리하여 손바닥을 펴고, 손바닥 날이 위 아래를 향하게 한 후 막대기를 쥐는 듯한 자세를 취합니다. 다른 사람의 검지를 살며시 쥐고 있다가 잡는 방식도 재미있습니다. 또한 검지 대신 엄지를 사용하는 것 또한 활동에 변화나 재미를 더할 수 있습니다.

02

무릎과 무릎사이

몸 풀기 모험놀이 상담

친해지기: 몸과 마음을 녹이며 친해지기

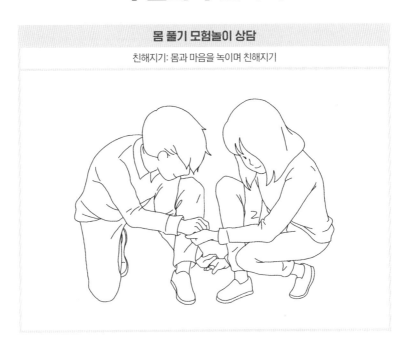

스트레칭이 자연스럽게 이루어지는 활동이 있을까요?
있다면 어떻게 활동하면 좋을까요? 먼저 지금 소개하는
'무릎과 무릎사이' 활동을 직접 해보고 이야기 나눠보도록 하겠습니다.

- **활동목표:** 맞잡은 손 사이로 다리와 몸통 통과하기
- **장소:** 교실 또는 운동장
- **준비물:** 없음
- **적정인원:** 2명 이상
- **소요시간:** 5분~10분

똑같은 스트레칭 동작을 해도 어떤 학생은 아프다고 하지만 어떤 학생은 아무렇지도 않다는 표정을 짓습니다. 실제로 신체 운동 능력이 우수한 아이가 있는 반면 그렇지 못한 아이도 있습니다. 간단하지만 다소 도전이 필요한 이 활동을 통해 자연스럽고 재미있게 스트레칭을 시도할 수 있으면 합니다. 나아가 자그마한 요령을 덧붙여 모든 아이들이 성공할 수 있게 돕는다면 모두가 재미있어 할 것입니다.

이 활동은 두 명씩 짝을 이루어 진행합니다. 만약 짝이 맞지 않는다면 촉진자가 함께 활동하면 됩니다.

❶ 두 명이 짝을 이루고, 서로 손을 맞잡고 쪼그려 앉습니다.

❷ 맞잡은 손은 서로 놓지 않습니다. 그리고 한쪽 편 손을 바닥에 닿을 듯 내리고, 한 쪽 다리를 바깥에서 안쪽으로 들어 맞잡은 손 안에 들여 놓습니다. 상대편도 같은 방향의 다리를 들어 맞잡은 손 안에 들여 놓습니다.

❸ 서로 몸을 돌려 서로 등을 맞대었다가 반대 방향으로 돌아 마주봅니다. 이때 맞잡은 손 중 다리 사이에 있지 않은 손은 머리 위로 올려 자연스럽게 돌아가게 합니다.

❹ 서로 몸들 돌려 다시 맞잡은 상태가 되면 맞잡은 손 사이에 있는 다

리를 들어 빼서 최초의 상태와 같은 자세가 되게 합니다.

- 어떠한 활동이든 활동의 성공은 긍정적으로 작용합니다. 따라서 참가자들이 성공할 수 있도록 도와주는 것이 바람직할 것입니다. 이를 위해 실제 활동에 앞서 적절한 시범을 보여주면 좋습니다. 경우에 따라 촉진자가 이러한 시범을 보이기 어려운 경우에는 시범 영상이나 사전에 참가자 중 두 사람에게 부탁하여 시범을 보이는 것도 방법이 됩니다.

- 촉진자가 직접 시범을 보일 때 참가자 중 행동이 둔할 것으로 예상되는 참가자 한 명과 하거나, 반대로 유연성이 높을 것으로 예상되는 참가자와 시범을 보일 수 있습니다. 그때의 상황이나 촉진자의 상태에 따라 적절한 대상을 선택합니다. 그리고 시범 과정에서 맞잡은 손을 바닥에 내리고 바깥쪽 발을 들어 안으로 옮길 때, 맞잡은 손은 발을 들어 안으로 옮기는 사람 쪽으로 밀거나 당겨주는 것이 좋습니다.

- 이 활동은 생소한 동작이기에 시범을 보이는 것도 중요하지만 동작의 일부 과정만 소화한 참가자들에게 박수를 보내는 것도 잊지 말아야 합니다. 그들은 대개 유연하지 못한 사람들일 것입니다. 따라서 시도한 것 자체를 칭찬하면 좋을 것입니다.

- 몸을 푸는 활동은 좌우 균형이 맞아야 하기에 왼쪽 방향에서 한 번 하였다면, 오른쪽 방향에서도 한 번 실시하는 것이 좋습니다.

- 보통 신체 운동지능이 우수한 사람은 눈썰미가 좋다고 합니다. 이는 관찰을 잘한다는 뜻으로도 해석됩니다. 잘 따라하는 학생들은 어떤 부분을 유심히 관찰하였는지 묻고, 잘했다고 칭찬하기보다 관찰력이 우수하다고 칭찬하는 것이 좋습니다.
- 반대로 신체 운동지능이 낮은 사람은 몸 쓰는 활동에서 곧잘 실패합니다. 이때에는 촉진자처럼 잘하는 사람과 함께 하거나 끝까지 해내게 부추기고, 그러한 노력에 박수를 보내면 좋을 것입니다.

Tip 디브리핑을 위한 질문 예시

1 활동을 하고 난 느낌은 어떤가요?
2 자신의 신체가 자신의 의지대로 움직여지지 않는 경험을 해 보았나요? 그때의 느낌은 어떤가요?
3 자신이 마음먹은 대로 일이 진행되지 않았던 경험이 있었나요? 그때 어떠했는지 조금만 이야기를 들려 줄 수 있을까요?

한 발 더 들어가기

3명 또는 4명과 해보기

❶ 3명 또는 4명이 동그랗게 손을 잡고, 두 사람만 각기 인접한 다리 하

나씩을 원 안으로 집어넣고 모두가 원을 뒤집어 봅니다.

❷ 2명이 할 때와 다르므로 상의할 시간을 부여할 수 있습니다.

몸이 불편한 사람과 함께 해보기

❶ 몸이 불편한 학생 중 이와 같은 동작을 다치지 않고 할 만한 사람이 있다면 함께 해 볼 수 있습니다. 다만 이때의 목표는 몸이 불편한 사람이 안전하게 활동을 마치는데 목적을 두어야 합니다.

03

황새다리 스트레칭

몸 풀기 모험놀이 상담

친해지기: 몸과 마음을 녹이며 친해지기

신체 활동이 수반되는 경우 몸을 푸는 활동은 꼭 필요한 과정입니다.
보통의 아이들은 기본적으로 몸이 약간은 풀려 있습니다.
그럼 이번 시간에는 함께 하나의 목표를 수행하면서 몸을 푸는 활동을 해보겠습니다.

- **활동목표:** 서로 옆 사람에게 다리를 걸치고 외다리로 서서 돌기

- **장소:** 교실 또는 운동장

- **준비물:** 없음

- **적정인원:** 3명 이상

- **소요시간:** 5분~15분

신나면서 역동적인 활동에 앞서 다들 약간의 스트레칭은 실시할 것입니다. 그 스트레칭조차 재미있는 동작과 노래로 함께 해 보는 것은 어떨까요? 더불어 혼자 하는 스트레칭이 아니라 세 명이 함께하는 스트레칭으로 재미를 더해 보면 좋겠습니다.

진행하기

황새다리 버전

❶ 세 명씩 짝을 이룹니다. 만약 짝이 맞지 않으면 남는 인원은 안전요원으로 활동합니다.

❷ 세 명이 동그랗게 모여, 먼저 한 사람이 오른쪽 다리를 들고 발목을 오른쪽 사람의 오른쪽 골반 위치에 올려놓습니다. 이때 다리는 잡아 주며, 다리를 올리는 사람은 발목을 꺾어 다리가 빠지지 않게 합니다.

❸ 이어 두 번째 사람도 같은 방식으로 오른쪽 사람의 오른쪽 골반 위치에 발목을 걸어 줍니다.

❹ 마지막 사람은 처음 시작한 사람의 오른쪽 골반 위치에 발목을 걸어 주되, 다리를 올리기 어려우므로 잘 잡아 줍니다.

❺ 세 사람이 서로 어깨를 손으로 잡고, 오른쪽으로 돌면서 노래를 부릅니다.

❻ 다리를 내릴 때는 한 명이 살며시 다리를 들어 내려주면 나머지 사람

의 다리는 저절로 풀립니다.

황새다리 군집 버전

❶ 10명 내외의 인원이 모여 원으로 동그랗게 서서 모두 '좌향좌'를 하여 같은 방향을 보고섭니다.

❷ 왼손을 앞사람의 어깨 위에 올린 다음, 한 사람씩 차례대로 오른쪽 발목을 뒷사람 오금에 걸칩니다.

❸ 모두가 오른쪽 발목을 뒤 사람의 오금에 걸쳤다면, 짧은 동요와 같은 노래를 부르면서 원을 한 바퀴 돕니다.

❹ 활동을 마치면 한 명씩 차례대로 다리를 내립니다. 이때 다리를 내리는 순서는 첫 번째 사람부터 앞쪽으로 내리면 됩니다.

촉진노트

황새다리 버전

- 황새다리 스트레칭 활동은 재미있기도 하지만 참가자가 바닥에 쓰러지는 경우도 발생합니다. 따라서 촉진자가 한 팀을 골라 시범적으로 먼저 실시하고, 그 방법을 자세하게 안내하는 것이 좋습니다. 이때 왼쪽 사람의 오른쪽 다리 발목이 오른쪽 사람의 오른쪽 골반 위치에 잘 위치하도록 먼저 잡아주거나 촉진자가 직접 도와주도록 합니다. 그리고 활동이 끝나고 다리를 내리는 것 또한 서로 도와주거나 촉진자가 도와주는 것이 좋습니다. 또한 참가자의 안전을 위해 주변의 물건이

나 돌멩이를 치우고 실시합니다. 짝을 이룰 때에 키가 비슷한 사람끼리 이루도록 하거나, 다리를 올리고 내리는 것을 도와주는 사람을 따로 정해서 실시하거나, 한 팀씩 차례대로 실시하기도 합니다.

- 스트레칭은 양쪽 다리를 모두 실시하는 것이 바람직하므로 오른쪽 다리를 올렸다면 다음은 왼쪽 다리를 올리는 방식으로 한 번 더 해보도록 합니다.

황새다리 군집 버전

- 여러 사람이 한 다리로 서로를 의지하며 서 있을 경우 움직이기 쉽지 않기에 박자에 맞추어 움직이는 것이 좋습니다. 노래를 함께 부르거나 박수를 치며 움직이도록 하는 것은 이러한 박자를 맞추는 것입니다.

- 요즘은 몸이 둔한 아이들이 더러 있습니다. 따라서 '황새다리 스트레칭' 활동에 앞서 먼저 몸을 풀어 주고 시작하는 것도 좋습니다.

- 마지막으로 황새다리 군집 버전은 인원수에 제한이 없지만 먼저 10명 내외의 인원으로 실시해 볼 것을 권장합니다. 너무 인원이 많으면 원이 커져 서로를 엮는 것에 시간이 걸릴 뿐 아니라 행동을 일치시키기 어렵기 때문입니다.

- 디브리핑은 상황에 따라 간략하지만 심도 있게 해볼 수 있습니다. 먼저 '황새다리 스트레칭' 활동이 전체 활동의 초반에 실시되는 경우 현재의 기분 상태를 간단하게 점수나 단어로 표현해 볼 수 있습니다. 이러한 디브리핑은 이후 활동과 심도 있는 디브리핑을 위한 사전 작업이 될 수 있습니다.

- 또한 스트레칭은 본격적인 신체 활동에 앞서 실시하는 워밍업에 해당합니다. 이때 스트레칭은 목적은 안전한 활동을 위한 것이 됩니다. 마찬가지로 어떤 일을 하고자 할 때 사전에 실시하면 좋은 일들이 있습니다. 학급운영이나 학교활동과 관련된 일들 또한 마찬가지로 사전에 하면 좋은 일들이 있습니다. 학생들에게 사전에 하면 좋을 일을 물어 본다면 교사로서 시행착오를 줄이는 기회가 될 것입니다.

Tip 디브리핑을 위한 질문 예시

1 활동이 재미있었나요? 이유가 무엇이라고 생각하나요?

2 서로 잘 엮어지지 않는 이유가 무엇이라고 생각하나요?

3 신체를 서로 엮는 다른 방법은 무엇이 있을까요?

4 스트레칭이 필요한 이유는 무엇일까요? 스트레칭과 같이 워밍업에 해당하는 활동에는 무엇이 있을까요?

활동 초반부나 후반부에 실시하기

❶ 활동 초반부에는 상호인식 및 분위기 조성을 위한 활동을 주로 실시합니다. 때문에 단순한 스트레칭을 하는 정도로 황새다리 버전으로 활동을 실시할 수 있습니다.

❷ 활동 후반부에는 신뢰 활동이나 문제해결 활동을 주로 실시합니다. 따라서 적절한 목표를 세우고 해당 목표를 달성하도록 하는 방식으로 황새다리 군집 버전을 사용할 수 있습니다.

활동의 목표 추가하기

❶ 이 활동을 잘 수행하는 집단이라면 활동의 목표를 수정해서 제시할 수 있습니다. 예를 들어 노래를 부르거나 박수를 치면서 동그랗게 도는 것 외에, 현재의 형태를 유지하면서 특정한 방향이나 위치로 이동합니다. 이러한 이동을 위해서는 집단의 집중도나 신체운동능력이 뒷받침 되어야 합니다.

04

팝콘(눈치게임)

몸 풀기 모험놀이 상담

몰입하기: 몸을 풀며 집중력 키우기

팝콘(눈치게임)은 참가자들이 1에서 10까지 숫자를
타이밍이 겹치지 않도록 하나씩 세어 나가는 활동입니다.

- **활동목표:** 즐거움을 느끼고 몸과 마음의 어색함이 풀리는 마음 열기 활동
- **장소:** 교실 또는 운동장
- **준비물:** 없음
- **적정인원:** 8~30명
- **소요시간:** 10분~20분

많은 사람이든, 적은 사람이든, 실내든, 실외든 처음 만나 서먹서먹한 분위기일 때, 또는 약간 소란스러워 주의집중이 필요할 때, 자연스럽게 활동 분위기를 만들어보고자 할 때 '팝콘(눈치게임)'은 매우 유익한 활동입니다. 눈치란 긍정적 의미로는 상황 판단력, 순발력으로 해석할 수 있습니다. 짧은 시간에 집중하여 목표를 달성하는 '팝콘(눈치게임)' 활동을 한 번 해볼까요?

진행하기

1단계 둥글게 원으로 마주보고 서서 하기

❶ 참가자들이 모두 원으로 마주 보고 섭니다.

❷ 1부터 10까지 다음 규칙에 따라 세어 나갑니다. 참여 인원수가 15명이면 가장 끝 번호는 15가 되도록 합니다.

❸ 단, 한 사람이 연속해서 숫자를 말하면 안 됩니다. (예를 들어 "1"을 외치고 바로 "2"를 외칠 수 없습니다.)

❹ 둘 이상의 참가자가 동시에 같은 숫자를 말하면 도전 실패가 되어 1부터 다시 시작합니다.

❺ 참가자는 적어도 한 번 이상 숫자를 말해야 합니다. (이 규칙은 참가자 수가 10을 넘어가면 적용하지 않거나 목표 숫자를 참가자 수에 맞게 조정할 수 있습니다.)

❻ 1단계에서는 서로 어떻게 할까 의논할 수 없습니다.

❼ 겹치지 않고 끝까지 말하면 도전 성공입니다.

(2단계) 몸을 움직이며 하기

❶ 1단계 규칙에 몸을 움직이며 할 수 있는 것을 선택적으로 추가합니다.

- 숫자를 말하면서 박수를 친다.

- 숫자는 말하지 않고 대신 박수로만 신호한다.

- 숫자를 말하면서 '팝콘이 튀겨지는 것처럼' 점프를 한다.

- 숫자를 말하면서 박수와 점프를 동시에 한다.

❷ 1단계의 규칙을 약간 변형해서 몸을 움직이면서 합니다.

- 둘 이상의 참가자가 동시에 같은 숫자를 말하면 그 사람들은 즉시 뛰어가서 뒤에 있는 벽(혹은 다른 사물)을 치고 자리로 돌아온다.

- 그 사람들이 제자리로 돌아오면 자동으로 1부터 다시 시작한다.

촉진노트

• 한 학생이 계속해서 맨 먼저나 앞쪽에서 연속으로 하는 경우가 많습니다. 이런 경우 따라 활동 횟수를 적절히 조절하는 것이 필요합니다. 두 번 연속해서 탈락하는 경우 세 번째는 중간 이후에 숫자를 세게 합니다.

• 원으로 만들어 활동하는 경우, 숫자를 동시에 부른 어린이는 가운데로 나와 서로 하이파이브를 하고 제자리로 들어가게 할 수 있습니다.

- 학급 구성원 전체가 실패 없이 끝까지 숫자를 세는데 걸리는 시간을 측정하는 '학급 도전 활동'으로도 활용할 수 있습니다. 그러다 보면 학급 친구들이 먼저 하려고 하지 않고, 서로 의논하면서 눈치를 살피며 활동하는 모습을 볼 수 있습니다.

디브리핑

- 다른 사람의 눈치를 보아야 한다는 것은 자신의 약점이나 부족한 부분이 친구들에게 알려지는 경우를 부담스러워한다는 이야기입니다. 평상시 학급에서 소극적인 모습을 보이거나 표현하기를 어려워하는 친구가 있다면 자연스럽게 소감 나누기를 하면서 질문을 해볼 수 있습니다.
- 자신의 약점이라고 생각한 모습이 친구들과 이야기 하다보면 새로운 모습으로 평가가 내려질 수 있습니다. 학생들은 친구들의 모습을 긍정적으로 재해석 해 줄 때 '소극적'이던 모습을 '신중하다'거나 '속이 깊다'고 이야기하는 모습으로 이야기해주기 때문입니다.

Tip 디브리핑을 위한 질문 예시

1 활동을 하고 난 느낌은 어떤가요?
2 어떤 장면이 가장 인상적이었나요? 말이나 행동으로 표현해 보세요.

3 활동할 때 필요한 요소는 무엇이 있을까요? 이 활동으로 우리가 얻을 수 있는 것은 무엇일까요?

4 활동을 하면서 변형할 부분이 있다면? 혹은 좀 더 재미있게 하기 위해 바꾼다면 어떤 것이 들어가면 좋을까요?

5 아슬아슬하게 실패했을 때 기분이 어땠나요? 무엇 때문에 일찍 혹은 계속 탈락을 했을까요?

6 (재미있게 혹은 힘들게) 다른 사람들의 눈치를 보아야 했던 경험을 나누어 보세요.

한 발 더 들어가기

눈을 감고하기

❶ 1, 2단계에서 숫자를 셀 때 눈을 감고합니다.

각자 다른 방향으로 흩어져 눈 감고하기

❶ 3단계 활동을 둥글게 모여서 하는 것이 아니라 아무렇게나 흩어져서 합니다.

 - 참가자들을 좁은 공간에 자유롭게 흩어져 서도록 한다.
 - 각자 다른 방향을 향하도록 하면 더 좋다.

❷ 흩어진 상태로 곧바로 눈을 감게 하고 시작합니다. 자세한 활동 설명은 눈을 감게 한 다음 시작합니다.

 - 1~3단계를 거치지 않고 바로 시작할 수도 있다.

05

치킨런

몸 풀기 모험놀이 상담

몰입하기: 몸을 풀며 집중력 키우기

치킨런 활동은 인형으로 하는 야구로, 신나게 뛰어보는 활동입니다.

- **활동목표:** 공동 과제를 수행함으로써 팀워크를 기르기
- **장소:** 교실 또는 운동장
- **준비물:** 닭 모양 인형
- **적정인원:** 8~30명
- **소요시간:** 20분

학생들은 발야구를 좋아합니다. 발야구는 공을 차고 공을 받으면서 점수를 내는 활동입니다. 공을 차는 실력도 제각각이다 보니 팀 경기임에도 개인의 능력에 따라 승패가 좌우됩니다.

지금 우리가 진행해 볼 치킨런 활동은 개인의 능력이 아닌 협동과 신속함이 앞선 팀이 승패를 좌우되는 팀 활동입니다. 그냥 던지고 뛰는 활동이므로 잘하고 못하고가 없습니다. 그리고 많이 움직이기 때문에 몰입을 하면 할수록 승패에 대한 관심이 없어집니다. 몰입 그 자체가 즐겁기 때문입니다.

진행하기

❶ 두 팀으로 나누고 활동 경계를 설정합니다.
❷ 한 팀(A팀)은 경계의 '안쪽'에 있고, 다른 팀(B팀)은 '바깥쪽'에 있습니다. A팀은 활동 공간(예를 들어, 체육관 전체, 운동장 전체, 교실)의 어딘가에 고무 닭을 던지면서 시작합니다.
❸ 일단 A팀이 던진 '닭'이 바닥에 떨어지면, B팀은 닭을 향해 달려가서 그 닭 뒤로 하나의 긴 줄을 만듭니다. 그 줄의 첫 번째 사람은 닭을 집어 들고 손을 머리 위로 올린 후 뒤 사람에게 전달합니다. 그러면 그 다음 사람은 닭 인형을 받은 후 다리 사이로 패스합니다. 그 다음 사람은 머리 위로 패스합니다. 이렇게 위로-아래로의 패스 패턴

을 유지하고 닭이 그 줄의 맨 마지막에 도달할 때까지 계속합니다.

❹ 그 줄의 마지막 학생은 받은 인형을 맨 앞에 인형 사람에게 전달하면
서 "완성!"이라고 소리칩니다.

❺ B팀이 패스를 하는 동안, A팀은 최대한 원을 작게 만들어 그 팀의 한
학생이 A팀 참가자들 모두의 주위를 돌 때마다 1점씩 점수를 획득합
니다.

❻ B팀이 "완성!"이라고 외치면, B팀의 줄에서 마지막 학생은 활동 영역의 다른 지점에 그 닭을 던집니다. B팀은 A팀이 줄을 서고 닭을 패스하기 시작하면 달려서 점수를 획득합니다.

❼ 이 게임은 5회기 후에 끝납니다. 또는 촉진자가 끝낼 시간이 되었다고 결정하면 됩니다.

촉진노트

• "이기면 뭐해요?"라고 참가자가 묻는다면, "글쎄 뭘 하면 좋을까?"라고 대답해 봅니다. 그러나 그 질문은 곧 잊혀지게 될 것입니다. 왜냐하면 번갈아 가며 공격과 수비를 하는 동안 참가자들은 엄청나게 뛰고 움직이고 소리 지르고 웃으며, 어느새 몇 점을 얻었는지도 잊고 활동에 몰입하게 되기 때문입니다.

• 교사가 적당한 때(참가자들이 너무 지치기 전)에 활동을 멈춘 후 살짝 물어봅니다. "몇 대 몇인가요?" "어느 팀이 이겼나요?" 그러면 학생들은 이미 점수를 기억도 못할 것입니다. 심지어 이렇게 어깨를 으쓱하며 대답하는 학생들도 있습니다. "글쎄요, 저도 몇 점인지 세는 걸 깜빡했네요. 그게 중요한가요?" 이렇듯 아이들은 서로의 점수가 몇 점인지, 아무도 기억을 못합니다. 그냥 그 자체를 즐기는 순간이 오게 될 것입니다.

• 안전을 위해 활동 공간 안에 장애물을 없앱니다. 학생들에게 활동하기 전 안전구역을 확인시키며 활동 공간 밖으로 인형이 떨어질 경우

(예를 들어, 관중석 교실에서는 사물함 위나 손이 가기 어려운 곳) 그 인형을 던진 팀은 그 인형을 다시 던져야 합니다.

- 공격할 때 (타순에 따라) 한 회에 한 명의 참가자만 뛰어서 점수를 낼 수 있음을 강조합니다.

디브리핑

- 적극적인 소통과 자기의 역할을 잘해내는 것이 왜 중요한지 알아가는 것이 이 활동의 핵심 가치입니다. 소통과 역할 나눔이 부족한 경우 우왕좌왕하면서 점수를 상대방에게 주게 됩니다. 갈수록 팀이 단합되는 이유는 신속하게 움직이기 위해 이야기하고 방법을 찾아 토의, 전략을 세우고 그것을 바탕으로 자기가 맡은 역할을 잘 수행했을 때 효과가 나타나기 때문입니다.

- 한 팀이 계속해서 지고 있거나 순발력이 떨어질 때 한 번 중간에 멈추고 서로 보완할 점을 찾아보게 한 후 활동을 진행하면 놀라운 변화가 나옵니다. 이것을 디브리핑 시 반드시 물어봅니다. 지고 있던 팀이 이기거나 점수를 많이 낼 수 있었던 이유를, 그리고 효과적인 공격법과 방어법을 물어보게 되면서 열심히 활동한 멤버에게 칭찬과 함성을 보내자고 분위기를 만들어갑니다.

작은 일이라도 함께 하려면 적극적으로 의사소통하는 것이 중요하다는 것을 느끼게 하는 활동입니다.

디브리핑을 위한 질문 예시

1 오늘의 MVP는? 누구일까요? 먼저 소감을 들어볼까요?

2 지금의 기분 상태를 말해 볼까요? 가장 긴장된 순간은 언제였나요?

3 점수를 제일 많이 올린 사람은 누구고 비결은 무엇일까요?

4 이긴 팀, 점수를 많이 낸 이유는 무엇일까요?

5 가장 즐거운(웃음이 났던) 순간은 언제였나요?

6 효과적인 공격법과 방어법은 무엇인가요?

7 이 활동의 좋은 점은 무엇일까요?

한 발 더 들어가기

❶ 교실 내 일렬로 앉아있는 자리에서 인형을 위, 아래, 위, 아래 전하는 활동을 할 수 있습니다. 집중력이 떨어지는 시간, 졸음이 밀려오는 시간에 소리 나는 닭 인형을 전달하는 활동을 하다보면 어느 새 졸음이 저만치 달아나있는 장면을 볼 수 있게 됩니다. 한 바퀴 도는 데 걸리는 시간을 측정해도 됩니다.

❷ 인형은 뱀, 닭 등 재밌는 도구들을 사용해 봅니다.

❸ 닭 인형을 던지는 대신 발야구를 변형하여 할 수 있습니다. 공격진이 발로 공을 찬 후 수비가 공을 잡아 홈으로 올 때까지 공격진이 원을 만든 후 투수가 원을 도는 만큼 점수가 나는 활동입니다.

06

다국적 인사법

소통하기: 서로를 알아가며 소통하기

다국적 인사법 활동은 나라마다 다른 재미있는 인사 방법을 통해
마음을 열어 주는 활동입니다.

- **활동목표:** 인사를 통해 서로 어색하고 서먹서먹한 마음 열기 및 상호 존중의
  마음 갖기
- **장소:** 실내(교실) 또는 실외(운동장)
- **준비물:** 다국적 인사 카드
- **적정인원:** 8~30명
- **소요시간:** 10분~20분

이 활동은 문화의 다양성에 대하여 생각해 볼 수 있는 활동입니다. 이젠 글로벌, 지구촌, 세계 시민이라는 말이 더 이상 낯설거나 멀리 느껴지지 않습니다. 이제 우리나라도 다문화 시대로 자연스럽게 들어왔습니다. 학교에서도 거리에서도 그리고 우리 사회에서 다문화는 자연스러운 추세입니다.

이 활동은 우리 모두 외국인이 되어 각 나라의 인사법을 체험하는 것으로 시작합니다. 자, 이제 우리는 지구촌이라는 곳에 관광을 왔습니다. 그럼 처음 만나는 사람들과 반갑게 인사를 나누어 보세요! 인사를 나눔으로 서로 더욱 친해질 수 있습니다.

❶ 원으로 둘러섭니다.

❷ 다국적 인사법이 적힌 카드를 한 사람에게 한 장 씩 나누어 줍니다.

❸ 교사가 먼저 시범을 보입니다. 자기 앞으로 3걸음 정도 나가 만나는 사람과 반갑게 하이파이브를 합니다.

❹ 서로 가위, 바위, 보를 한 후 진 사람이 자기 손에 든 카드에 적힌 인사법에 따라 이긴 사람과 인사를 합니다. 인사 후 카드를 주고 받고 다시 하이파이브로 헤어지는 시범을 보입니다.

❺ 이제 만나고 싶은 사람과 그동안 서로 서먹서먹했거나 인사할 기회
가 자주 없었던 사람과 만나 인사를 하되, 최소 10명 이상과 만나 인
사하도록 지시합니다. (시간에 따라 인원수는 달라질 수 있습니다.)

촉진노트

- 서로 인사를 하기 위해 돌아다닐 때 친한 사람과만 인사하지 않도록
  유도하며, 그동안 서로 친하게 지내지 못했던 사람과 만나 인사하게
  끔 유도합니다. 성별이 섞여 있을 때는 동성 5명, 이성 5명이라고 말
  해줍니다. 상황에 맞게 적절하게 조건을 제시합니다.
- 무엇이든 과하면 문제가 됩니다. 목소리, 표정, 행동 중 상대방이 불
  편함을 느끼거나 원하지 않는 행동을 하지 않는 것이 세계시민으로
  서 가져야할 자세라고 함께 이야기 해 줍니다.

- 문화란 한 나라의 역사가 담긴 생활 양식입니다. 우리나라에 거주하고 있는 외국인의 수는 200만이 넘습니다. 이미 다양한 배경을 가진 외국인이 한국 사회의 구성원으로 함께 생활하고 있고, 일부는 한국인으로 편입되고 있는 상황입니다.

 학교 현장에서도 이미 다문화 학생들과 함께 생활하고 있습니다. 그럼에도 불구하고 우리의 의식, 무의식에 서양(유럽, 미국)과 동양 및 유색인종에 대한 선입견과 편견이 존재하고 있습니다. 우리는 문화의 차이가 차별이 되는 양상을 종종 목격하게 됩니다. 이 활동은 나라마다 다른 인사법을 통해 그 나라의 고유한 문화에 대한 존중감을 갖는 것에 가치를 둡니다.

- 재미있고 독특한 인사법에 대해서는 두 학생을 선발 한 후 앞에 나와 한 번 더 해보게 합니다. 에스키모, 티베트의 인사법은 우리 문화에서는 약간의 오해도 가져올 수 있는 인사법입니다. 그러나 이것을 나쁘다 혹은 미개하다가 아닌 상호문화이해(문화다양성)적 관점에서 디브리핑을 진행합니다.

- 요즘 다문화 어린이와 함께 생활하는 학교 및 학급이 많습니다. 자연스럽게 다문화 어린이가 부모님의 나라에 대해 알고 있는 정보나 풍습에 대하여 말할 수 있는 기회를 제공해 봅니다. 발표하는 어린이의 경우 중국어, 베트남어 , 필리핀어로 인사를 하는 경우에 의외로 학급 친구들이 놀라워하면서도 재밌어합니다. 이때 다문화 어린이는 어깨가 으쓱거려지고 입가에 미소가 잡히는 장면이 어렵지 않게 볼 수 있

습니다. 이것이 바로 상호이해의 시작입니다.

Tip   디브리핑을 위한 질문 예시

1 그동안 자주 이야기하지 않았던 친구와 인사할 때 어떤 느낌이 들었나요?

2 재미있거나 인상에 남은 인사법이 있다면 무엇일까요?

3 인사를 잘 해서 어른들이나 부모님, 선생님에게 칭찬을 받은 적이 있나요?

한 발 더 들어가기

❶ 다국어 인사 목록을 나누어 주고, 모두 함께 한 나라의 인사법을 한 번 시연해 봅니다. 나머지 활동 순서는 다국적 인사법과 같습니다.

다국적 인사법 카드 [확대하여 사용합니다.]

프랑스 인사법(1) 비쥬(bisou)라는 인사, 즉 서로 상대방의 뺨을 양쪽으로 두 번 댄다.	**인도 인사법(1)** 합장하고 기도하듯 하면서 "나마스테"라고 말한다.
프랑스 인사법(2) 가볍게 악수를 한다.	**인도 인사법(2)** 손을 입에 대었다 떼면서 "살라모아"라고 한다.
에스키모 인사법(1) 서로의 뺨을 친다.	**태국** 두 손을 모으고 팔과 팔꿈치를 몸에 붙인 채 "와이" 라고 말하면서 고개를 숙인다.
에스키모 인사법(2) 친한 경우엔 서로 마주보며 코를 비빈다.	**티베트** 자신의 귀를 잡아당기며 상대방을 향해 혀를 길게 내민다.

에스키모 인사법(3) 눈웃음을 치며 "이히히히"웃음 소리를 낸다.	**아르헨티나, 콜롬비아** 서로 껴안고 서로의 등을 문지른다.
파푸아뉴기니의 칩부족 가볍게 악수를 한다. 팔을 떨며 "엉엉" 울면서 인사한다.	**스페인** "브아레스 디아스"하며 서로를 끌어안아 한 바퀴 돈다.
말레이시아 서로의 뺨을 친다. 모자를 벗고 머리에 손을 얹으면서 인사한다.	**케냐** 서로에게 침을 뱉는다. '당신에게 좋은 일이 생기기를'의 뜻으로 하늘에 비는 인사법이다.
몽고 서로 껴안고 상대의 몸 냄새를 맡는다.	**중국 인사법(1)** "나하오마"라며 자기의 양 팔로 팔목을 잡고 허리를 굽혀 인사한다.

중국 인사법(2) 양 팔을 옷 속에 넣고 '쉐쉐니하오마'라며 인사한다.	**러시아** 키스를 하고 포옹하기
이스라엘 "샬롬샬롬"하며 서로 상대의 어깨를 주물러준다.	**나이지리아 요루바족** 윗사람에게 땅에 엎드리며 인사하기
뉴질랜드 마오리족 우선 악수하고 손을 잡은 채로 "카오라"하면서 코를 2번 비빈다. (3번은–청혼)	**하와이** "알로아~알로아~"하며 서로 끌어안고 양쪽 볼을 대며 인사한다.
세네갈 상대방의 오른 손을 자신의 이마에 가져다 댄다.	**동아프리카 산족** 할아버지가 아이들을 만나면 머리를 쓰다듬으면서 축복해준다.

다국어 인사 목록표 [안녕하세요. 제 이름은 ○○○입니다]

나라	표기	발음
아라비아	Al salaam a'alaykum Ismi ○○○.	알 살람 아하레이 쿠움 이쓰 메 ○○○.
프랑스	Bonjour. Mon nom Je ma'ppelle ○○○.	봉조르. 몬놈 쭈마쁠 ○○○.
인도	Nah-mah-STAY. MEH-ra nahm ○○○.	나마 스테이. 메라남 ○○○.
중국	Ni hao. Wode mingzi jiao ○○○.	니하오. 워더밍쯔 지아오 ○○○.
그리스	Kalimera. To honoma moo ○○○.	칼리메라. 토 노마무 ○○○.
이탈리아	Buon giorno . Mi chiamo ○○○.	부옹 조르노. 미키아모 ○○○.
독일	Guten tag. Ich heisse ○○○.	구텐 탁. 이히 하이세 ○○○.
터키	Merhaba. Adim ○○○.	메르하바. 아 두움 ○○○.
스페인	Hola. Me llamo ○○○.	올-라. 메이 야 모 ○○○.

나라	표기	발음
러시아	Zdravstvuite. Menia zovut ○○○.	쯔드라스트 벳쨔 메냐 조 부웃 ○○○.
스웨덴	God dag. Mitt namn ar ○○○.	구우 다악. 메에트 남나ㄹ ○○○.
태국	남) sa-wa DEE Krab. pom chew ○○○. 여) sa-wa DEE kah. dee-chan chew ○○○.	남) 사와디 크랍. 폼츄 ○○○. 여) 사와디 카. 디챤 츄 ○○○.
루마니아	Buna ziua. Numele meu este ○○○.	부누지와. 누메레 에쓰테이 ○○○.
인도네시아	Selamat pagi. Nama saya ○○○.	셀라 맛파기. 나맛스 아야 ○○○.
하와이	Aloha. 'O-○○○, ko'u inoa.	알로하. 오 ○○○ 코오 에노아.
포루투갈	Bom dia. Meu nome ○○○.	본디아. 메후우 노메 ○○○.
체코	Nazdar. Jmenuji se ○○○.	나~즈다르. 이메누 에세 ○○○.

07

미주알고주알 인터뷰

상호인식 모험놀이 상담

소통하기: 서로를 알아가며 소통하기

미주알고주알 인터뷰 활동은 내가 기자가 되어 다양한 질문으로 서로를
인터뷰 해보고 서로에 대해 몰랐던 것들을 자세히 알아볼 수 있는 활동입니다.

- **활동목표:** 의사소통과 친밀감 형성하기
- **장소:** 실내(교실)
- **준비물:** 필기구, 인터뷰 질문지(전원)
- **적정인원:** 10~30명
- **소요시간:** 30분~60시간

자기소개를 하게 되는 경우 대부분의 어린이들은 취미, 특기, 별명, 꿈 등 너무 익숙한 질문들을 하게 됩니다. 자기 자신에 대하여 깊게 고민해 보거나 자기 자신과 친해질 수 있는 경험이 적다고 할 수 있습니다. 이 활동은 주어진 문제에 묻고 대답하는 과정을 통하여 '나'를 알기, 그리고 더 나아가 '친구'를 알게 되는 활동이 됩니다.

우리들은 모두 각자 특별한 경험이나 재능을 가지고 있습니다. 학급의 구성원들이 스스로의 장점 및 경험을 그리고 친구의 생각과 경험에 대하여 잘 알고 있을 때 그 학급은 더욱 강하고 결속력 있는 학급으로 성장할 수 있습니다. 미주알고주알 인터뷰를 통해 서로에 대하여 보다 많이 알고 보다 결속력 있는 반을 만들어 봅니다.

진행하기

❶ '인터뷰 질문지 양식'을 만들어 각 구성원들에게 나눠줍니다. 2명 씩 짝을 지어 질문지에 인터뷰 대상자 이름을 쓰고 3~5분 정도의 인터 뷰를 통하여 질문지 양식을 완성합니다. 단, 지도자가 구성원들의 인 터뷰 질문지를 걷어 보관한다는 점을 알려주고, 공개하기 어렵거나 해당 없는 질문은 대답을 생략해도 좋다는 점을 먼저 안내해 줍니다.

❷ 질문지를 완성했으면 구성원들에게 자기 짝에 대하여 다른 사람들에 게 소개할 준비를 합니다. 즉 자신이 인터뷰한 내용 중 가장 인상적

인 정보 3가지에 대하여 남들에게 소개해 주는 것입니다. 그러므로 인터뷰 질문지를 인터뷰 대상자였던 사람에게 돌려주어 질문에 대한 대답을 수정하거나 보완할 수 있도록 합니다. 짝은 그 수정 보완된 내용을 가지고 자신의 짝에 대하여 소개합니다.

❸ 이제 수정, 보완된 질문지를 걷어서 지도자가 인터뷰 질문지를 바인더에 보관합니다.

촉진노트

- 질문지에 필요하다고 여기는 항목들은 양식에 추가 혹은 수정 할 수 있습니다. (예: 요즘 힘든 점은 무엇인가요? 갖고 싶은 습관은 무엇인가요?, 버리고 싶은 습관은 무엇인가요?)
- 만약 두 사람씩 짝이 되지 않는다면 한 팀은 세 사람이 인터뷰를 실시합니다.
- 인터뷰를 계획한 시간대로 할 수 있도록, 남은 시간을 적정 시간대에 알려줍니다. 타이머를 활용하는 방법도 있습니다.
- 짝을 지을 때 재미있는 방법을 활용하여 짝을 짓도록 합니다.
- 아이들이 이야기를 나누다 보면 시간이 길어질 수 있습니다. 길게 진행되면 집중력이 다소 떨어질 수 있으니, 학생들 수준 및 주의집중 시간에 따라 유동적으로 진행하도록 합니다.

- 같은 학급이라 할지라도 이야기를 나누는 친구들과 어울리는 친구들은 정해져 있습니다. 또한 친하다고 해도 이야기의 소재와 대화 내용이 한정되어 있을 때가 많습니다. 그런데 새로운 짝과 새로운 주제를 가지고 일대일로 이야기를 하다보면 생각 이상으로 많은 이야기들이 나오게 됩니다. 또 내 감정을 진솔하게 이야기하고, 친구의 감정을 들으면서 경청의 자세를 배웁니다.

- 가족 이야기를 하면서 부모님과의 관계가 나오기도 하고, 부모님이 가장 많이 말씀하시는 이야기 나누기를 통해 모두 비슷한 경험이 있다는 것을 확인하면서 아이들은 "나만 그렇게 생각했던 것이 아니구나~"라고 위로를 받을 수 있습니다.

- 자신의 경험을 이야기하면서 자신과 비슷한 점을 찾고, 이야기 나누기 전의 감정과 다른 감정을 확인하게 됩니다.

- 인터뷰를 하면서 느끼게 되거나 새로 알게 된 점을 돌아가면서 이야기 하다 보면 서로에 대한 이해가 깊어짐을 느끼게 됩니다.

Tip 디브리핑을 위한 질문 예시

1 자신이 인터뷰한 내 짝에 대하여 가장 인상적이라고 느낀 부분은 무엇인 가요?

2 나와 가장 큰 차이점은 무엇이고 공통점은 무엇인가요?

3 이야기 나눔을 통해 새로운 모습을 발견했을 때 어떤 기분이 생기나요?

수업에 적용하기

❶ 창체: 학년 초, 학기 말에 친구 및 나 소개하기 시간에 활용 가능합니다.

❷ 국어: 듣고, 말하기 활동 전 영역에 활용 가능합니다.

❸ 영어: 영어로 친구 인터뷰하기 교과에 활용 가능합니다.

❹ 국어, 도덕: 요약 기술 훈련으로서 듣기, 말하기, 쓰기에 활용할 수 있습니다. 자신과 비슷한 가치관을 지닌 사람들과 친밀한 느낌으로 서로 협력하여 학습하도록 안내합니다.

미주알고주알 인터뷰 활동지 [공통]

* 대답하기 난처하거나 해당 없는 내용은 굳이 캐묻진 마세요.

• 인터뷰 대상자 이름 :

• 인터뷰 대상자의 미래 희망 직업(업무, 하는 일, 꿈) :

• 인터뷰 대상자의 미래 배우자(이성 친구)의 모습, 특징 :

• 인터뷰 대상자의 미래 배우자(이성 친구)의 직업 :

• 인터뷰 대상자의 형제자매 이름과 나이 :

• 인터뷰 대상자가 태어난 고향(곳) :

• 인터뷰 대상자의 개인적 취미 :

• 인터뷰 대상자의 미래 배우자(이성 친구)의 취미(예상) :

• 인터뷰 대상자의 가장 환상적인(꿈의, 가고픈) 여행지 :

• 인터뷰 대상자에게 일어난 일 중에서 가장 성공적이었다고 느껴지는 경험들

  – 가족에게 일어난 일 중에서 :

  – 과거(특히 어린 시절)에 일어난 일 중에서 :

  – 지금 신분에 일어난 일 중에서 :

  – 앞으로 일어날 일 중에서 :

• 인터뷰 대상자에게 일어난 일 중에서 가장 기억에 남는 순간

  – 가족에게 일어난 일 중에서 :

  – 과거(특히 어린 시절)에 일어난 일 중에서 :

  – 지금 신분에 일어난 일 중에서 :

• 인터뷰 대상자가 가장 좋아하는 색 :

• 인터뷰 대상자가 가장 좋아하는 공휴일 :

• 인터뷰 대상자가 가장 좋아하는 음식 :

미주알고주알 인터뷰 활동지[초등용]

• 인터뷰 대상자 이름 :

• 인터뷰 대상자의 미래 희망 직업(업무, 하는 일, 꿈) :

• 인터뷰 대상자가 태어난 고향(곳) :

• 인터뷰 대상자의 개인적 취미 :

• 인터뷰 대상자의 가장 환상적인(꿈의, 가고픈) 여행지 :

• 인터뷰 대상자에게 일어난 일 중에서 가장 성공적이었다고 느껴지는 경험들

　- 가족에게 일어난 일 중에서 :

　- 과거(특히 어린 시절)에 일어난 일 중에서:

　- 2017년에 일어난 일 중에서 :

　- 앞으로 일어날 일 중에서 :

• 인터뷰 대상자에게 일어난 일 중에서 가장 후회되는 일은

• 인터뷰 대상자에게 부모님이 가장 많이 하시는 말씀은

• 인터뷰 대상자가 읽은 책 중에서 친구들에게 권하고 싶은 책과 그 이유는

• 인터뷰 대상자가 가장 자랑스러울 때

• 인터뷰 대상자에게 일어난 일 중에서 가장 기억에 남는 순간

　- 가족에게 일어난 일 중에서 :

　- 과거(특히 어린 시절)에 일어난 일 중에서 :

　- 지금 신분에 일어난 일 중에서 :

• 인터뷰 대상자가 가장 좋아하는 색 :

• 인터뷰 대상자가 가장 좋아하는 음식 :

• 인터뷰 동안 짝에 대하여 느낀 가장 인상적인 감정 :

08

그룹 저글

상호인식 모험놀이상담

친밀감 형성하기: 나를 알리고 친구와 관계 형성하기

한국 사람은 하루의 시작을 인사로 시작하여 인사로 끝낸다고 합니다.
우리 다함께 인사 나눔으로 즐거워지는 활동을 해 볼까요?

- **활동목표:** 인형을 건네며 인사를 나누되 주고받은 사람을 기억하여 연속으로 여러 인형을 전달하며 인사 나누기
- **장소:** 교실 또는 운동장
- **준비물:** 5~8개의 작고 부드러운 인형
- **적정인원:** 8~15명
- **소요시간:** 15분~30분

인사를 건넨다는 것은 선물을 건네는 것과 비슷합니다. 마음을 담아 인사를 건네고, 작지만 마음이 담긴 선물을 건넨다면 모두가 좋아할 것입니다. 모두 동그랗게 서서 서로 인사를 잘 주고받고, 선물을 떨어뜨리지 않는 활동을 해봅시다.

진행하기

❶ 촉진자는 던져도 안전한 인형 등 재미있는 물건을 5개 이상 준비합니다.

❷ 모두 동그랗게 서서 촉진자가 먼저 대각선 방향에 있는 사람에게 "안녕, ○○○"하고 인형을 포물선을 그리며 살며시 상대편이 받을 수 있게 던지면, 받은 사람은 "고마워, ○○○"하며 인형을 받습니다.

❸ 인형을 받은 사람은 같은 방법으로 대각선 방향의 인사를 받지 않은 사람에게 포물선을 그리며 살며시 인형을 던집니다.

❹ 마지막 사람은 촉진자에게 같은 방식으로 인형을 전달합니다.

❺ 인형 전달과 인사가 끝나면, 주고받은 사람을 확인하고, 다시 한 번 처음부터 마지막 사람까지 동일하게 인형을 전달하며 인사를 주고받습니다.

❻ 지금까지 하나의 인형으로 두 번의 인사를 주고받았다면, 이번에는 가지고 있는 인형 모두를 사용하여 같은 방식으로 인사할 것임을 알

려주되 구체적인 방법은 알려주지 않습니다.

❼ 세 번째로 인형과 인사를 전달할 때는 위와 같은 방식으로 상대편이 받을 수 있도록 인사와 인형을 건네주되 연속해서 가지고 인형을 모두 전달합니다.

촉진노트

- 인형을 전달하며 인사를 주고받을 때 인사 구호를 분명하게 외치도록 안내합니다. 이때 상대편의 호칭을 모를 경우 상대 앞으로 다가가 상대편의 호칭을 물어보고 자신의 호칭 또한 가르쳐 주고 오도록 시범을 보입니다. 이러한 시범과 시범대로 행동하게 유도하는 것은 인사의 예의를 알려주는 방법입니다.

- 그리고 인형이 몇 번이나 떨어졌는지 세어봅니다. 인사 구호를 분명하게 외치는 것과 인형을 떨어뜨리지 않는 것은 상대와 인사를 온전하게 나눈 것이라 생각할 수 있습니다. 반면에 인사 구호를 분명하게 외치지 못하는 경우와 인형을 떨어뜨리는 것은 상대와 인사를 온전하게 나누지 못한 것이라 생각할 수 있습니다. 참가자들에게 이러한 이야기의 전달은 목표행동을 분명하게 인식하도록 만들 것입니다.

- 처음 시작할 때는 인형을 한 개만 보여주고, 나머지 인형들은 참가자에게 보여주지 않는 것이 좋습니다. 세 번째로 가지고 있는 인형 모두를 사용하는 경우에 참가자들이 하나의 인형을 사용하여 여러 바퀴 돌면서 인사를 건넬 수도 있다는 착각을 하도록 유도하는 것입니다.

이러한 착각이 깨질 때 보다 큰 웃음과 즐거움이 나타납니다.

- 그룹저글 활동에 조금 익숙해진 촉진자라면 참가자들이 가상의 적 또는 자기 자신과 경쟁할 수 있도록 약간의 경쟁 요소를 추가하면 좋습니다. 그룹저글 활동에 걸리는 시간을 재는 것입니다. 처음 한 바퀴 돌며 인사와 인형을 주고받는데 걸리는 시간과 두 번째 한 바퀴 돌며 인사와 인형을 주고받는데 걸리는 시간, 세 번째 가지고 있는 모든 인형을 연속하여 전달하며 인사를 주고받는데 걸리는 시간을 재는 것입니다. 이때 처음 한 바퀴 돌 때는 조용히 촉진자 혼자 시간을 재며, 이후부터는 목표 시간과 인형을 떨어뜨리는 횟수를 정하고 실시합니다. 이러한 방식을 통해 단순하게 인형을 주고받는 활동에서 기록갱신이라는 흥미요소를 추가하게 됩니다.

- 간혹 상대를 배려하는 기술이 부족한 학생들 중에서는 인형을 포물선으로 살며시 받을 수 있게 던지지 않고, 투수처럼 던지기도 합니다. 이러한 경우에는 즉시 활동을 멈추고 상대가 받을 수 있도록 인형을 던지는 것이 이 활동의 목적임을 분명히 전달하는 것이 좋습니다.

- 활동을 진행 할 때 규칙을 자세하게 설명하기보다 실제로 보여주면서 알게 하는 것이 좋습니다. 눈앞에서 펼쳐지는 상황이야 말로 이해도를 높이는 최선의 방법이 될 수 있기 때문입니다. 그리고 인형을 준비할 때는 참가자들의 성향을 고려하면 좋습니다. 특이하거나 징그러운 인형을 사용해도 괜찮은 참가자들이 있는 반면 그러한 인형에는 기겁하는 참가자도 있습니다. 그리고 경우에 따라 물풍선을 사용하는 경우도 가능합니다.

- 인형을 떨어뜨리거나 인사 구호를 분명하게 외치지 못한 경우가 있다면 왜 그러했는지 물어볼 수 있습니다. 학생들은 이러한 경우에 두 가지 상황으로 이야기 합니다. 하나는 인형을 주는 사람이 받는 사람의 준비 상태를 확인하지 않고 던졌다고 말하는 경우입니다. 다른 하나는 인형을 받는 사람이 주는 사람을 주시하지 않았기 때문이라고 말하는 경우입니다. 하지만 두 가지 경우를 모두 만족해야 한다고 말하는 학생을 거의 없습니다. 인사를 예의바르게 해야지 인사를 기쁘게 받을 것이며, 인사 받는 사람 또한 인사 받는 태도를 올바로 해야지 인사하는 사람의 기분이 좋을 것입니다. 두 가지 경우가 모두 만족되어야 함을 아이들의 입을 통해 자연스럽게 알게 한다면 서로를 배려하는 분위기가 서서히 만들어질 것입니다.

- 뱀이나 박쥐 인형, 물풍선을 던질 때 기겁을 하는 학생들이 있습니다. 이처럼 인사를 꺼리게 만드는 경우는 어떤 경우가 있는지 물어볼 수 있습니다. 그러한 상황을 슬기롭게 해결했던 사례를 물어볼 수도 있습니다. 그때의 느낌을 서로 공유한다면 서로에게 인사하기 꺼려지는 상황을 만들지 않고자 노력하는 분위기를 만들어 갈 수 있다고 생각합니다.

- 여러 사람이 동시에 인사를 주고받는 것처럼 혼란스러운 상황도 없을 것입니다. 이러한 혼란스러운 상황 속에서도 인형을 떨어뜨리지 않으며 인사 구호를 올바로 외치는 참가자들이 있습니다. 그러한 참가자들이 어떻게 행동하는지를 살펴보고 그러한 행동에서 본받을 점

을 알아본다면 배려가 무엇인지 알아갈 수 있을 것입니다.

디브리핑을 위한 질문 예시

1 인형을 떨어뜨리지 않고 주고받을 수 있는 방법은 무엇인가요?

2 인형을 던질 때 상대방이 받을 준비가 되어 있는지는 어떻게 알 수 있나요?

3 계속해서 이상한 물건 등이 왔을 때 느낌은 어떠했나요?

4 활동 전 후의 느낌은 어떻게 달라졌나요?

5 상대방이 내 이름 대신 꿈을 불러주었을 때의 기분은 어떠했나요?

한 발 더 들어가기

인사 구호 바꾸어 해보기

❶ 인사할 때 상대편의 이름을 외치지 않고, 상대편의 꿈이나 희망 직업을 외치도록 할 수 있습니다.

❷ 이를 위해서는 활동 시작 전 자기소개 시간을 가지면 됩니다.

스톱워치를 사용하여 기록 갱신하기

❶ 한 바퀴를 돌며 인사를 건네며 인형을 주고받을 때 말없이 스톱워치로 시간을 잽니다.

❷ 이후 시간 기록 결과를 알려주며, 한 번 더 한다면 시간이 얼마나 걸릴지 물어보며 진행합니다.

인형 대신 다른 물건 사용하기

❶ 부드러운 인형이라 하더라도 던지면 아프다고 말하는 친구들이 있습니다. 이런 경우에는 이면지를 구겨서 종이 공을 만들어 던져도 좋습니다.

❷ 부드러운 인형은 친근한 느낌을 주지만 도전적인 느낌은 주지 않습니다. 친밀감이 높거나 목표의식이 높은 집단이라면 뱀이나 박쥐 인형, 물풍선, 날달걀과 같이 던지며 주고받는데 심리적 도전의식을 불러일으키는 물건을 사용할 수도 있습니다.

09

첫인상

상호인식 모험놀이상담

친밀감 형성하기: 나를 알리고 친구와 관계 형성하기

처음 만난 사람들이 서로에 대해 알아가는 과정은 매우 어색합니다.
이런 자리에는 작은 도구를 활용한 놀이가 좋습니다. 서로에 대해 알려주고
질문을 주고받을 수 있는 포스트잇 하나로 서로가 가까워지면 어떨까요?

- **활동목표:** 포스트잇에 자신을 알리는 문구를 적은 후 서로에게 보여주고 질문
  주고받기
- **장소:** 교실 또는 실내
- **준비물:** 포스트잇 또는 명찰, 펜
- **적정인원:** 8~30명
- **소요시간:** 15분~30분

모임의 시작을 여는 활동에는 여러 가지가 있습니다. 조용한 분위기에서 서로에 대해 담소를 통해 알아가는 활동이 제격인 경우도 많습니다. 작은 포스트잇과 펜으로 나를 알리고 서로를 알아가는 활동인 '첫인상'은 매력적인 활동입니다. 이 활동은 앉아 있는 형태에 구애됨 없이 시작할 수 있는 활동입니다.

진행하기

❶ 참가자에게 포스트잇과 펜을 나누어 줍니다. 목에 거는 명찰이 있는 경우 명찰 뒷면을 이용해도 됩니다.

❷ 포스트잇에 다음 표에 제시된 내용을 기록하고 자신의 가슴에 포스트잇을 붙입니다. 한 가운데 자신의 이름을 기록하고, 네 귀퉁이에는 해당 주제에 해당하는 내용을 기록하게 합니다.

가본 곳 중 가장 인상 깊었던 곳은?	취미 또는 장기는?
이름:	
자신을 가장 잘 설명 하는 형용사 세 개를 고른다면?	가까운 미래 또는 일생일대의 꿈은?

❸ 모두 돌아다니며 서로 인사를 나누고, 상대방의 가슴에 붙은 포스트 잇의 내용을 살펴본 후, 서로 궁금한 것을 한 가지 이상 질문하고 답변을 듣습니다.

❹ 최소한 5명(인원수에 따라 정함) 이상과 인사를 나누고 서로에 대하여 알려주고 질문하는 시간을 가진 후 활동을 마칩니다.

촉진노트

• 포스트잇에 자신을 알리는 내용을 기록하여 다른 사람에게 보여준다는 것은 조금 꺼려지는 일일 수 있습니다. 하지만 반대로 처음 만나 상대에 대해 조금이라도 알게 되는 것은 누구나 원하는 일이기도 합니다. 이처럼 서로 가까워지기 위해 자신을 조금은 개방해야 한다는 것을 말해주는 것은 활동의 시작을 부드럽게 만듭니다.

• 여기에 촉진자가 자신의 사례를 조금 들어 준다면 더할 나위 없이 좋을 것입니다. 기록해야 할 주제를 알려주고, 주제가 적당한지 참가자들에게 확인하고, 촉진자의 사례를 들려주어 기록을 유도하는 것이 좋을 것입니다.

- 자신의 이야기를 스스로 알리고 싶어 하는 사람들이 있습니다. 많은 참가자들 가운데 자신이 들은 내용이 너무 인상적이어서 여러 사람들 앞에서 소개해주고 싶은 사람이 있는지 먼저 물어 보세요. 그리고 어떤 점에서 인상적이었는지 함께 물어보세요. 그 이야기는 많은 참가자들이 귀를 기울이는 이야기가 될 것입니다.

- 또한 이야기를 나누는 사람들을 관찰하면 보다 크게 웃거나 리액션이 눈에 띄는 사람들이 있습니다. 그러한 사람들이 나눈 이야기 역시 누구나 관심을 가지는 이야기일 것입니다. 자진해서 이야기를 들려주는 사람들이 적다면 이처럼 눈에 띄는 사람들에게 이야기를 들려줄 것은 부탁해 보세요. 모두와 나눌 수 있는 이야기를 듣게 될 것입니다.

- 다른 사람들의 이야기는 자신이 해보지 못한 일이기에 쉽습니다. 첫인상 활동은 다른 참가자들의 경험을 통해 나의 꿈을 되돌아보는 시간이 될 수 있습니다. 그저 들리는 이야기에 박수를 치고, 환호성을 보내는 것만으로 이야기를 들려주는 사람과 듣는 사람 모두를 기쁘게 할 수 있습니다.

한 발 더 들어가기

포스트잇 대신 다른 도구 이용하기

❶ 워크숍이나 학부모님과 함께하는 행사의 경우 목에 거는 명찰을 다는 경우가 있습니다. 그럴 때는 미리 명찰의 뒷면에 첫인상 활동지를 인쇄해서 넣어 놓을 수 있습니다.

10

범피리 범범

친구들의 이름을 불러 주면 싫어하는 사람이 있을까요?
처음 만난 사람이 서로 이름을 모르는 상태에서 자연스럽게 이름을 물어보고,
이름을 외쳐주는 활동을 해 보겠습니다.

- **활동목표:** '범피리 범범'이라고 외치는 동안 친구의 이름을 가르쳐주는 활동
- **장소:** 교실 또는 운동장
- **준비물:** 없음
- **적정인원:** 8~30명
- **소요시간:** 10분~20분

처음 만난 참가자들의 이름을 모두 알 수는 없습니다. 그리고 한 번에 모든 참가자들의 이름을 외우기에도 힘든 일입니다. 하지만 나의 이름을 누군가 불러주는 것은 기분 좋은 일입니다. 모두가 동그랗게 모여 차근차근 내 옆에 있는 사람의 이름부터 물어보고 불러보는 시간을 가지다 보면 많은 이름을 외울 수 있을 것입니다.

진행하기

❶ 모두 어깨가 맞닿을 정도로 동그랗게 둘러서서 자신의 이름을 소개합니다. 이름 소개 후 가운데 촉진자가 술래가 되어 서 있습니다.

❷ 촉진자의 신호에 따라 '범피리 범범'이라는 구호를 연습해 봅니다. 손바닥을 펴서 누군가를 가리키며 동시에 '범피리 범범'이라는 구호를 외치는 연습도 해 봅니다. 처음에는 느리게, 점점 빠르게 구호를 외치는 연습도 해 봅니다.

❸ 가운데 선 술래가 누군가를 가리키며 '범피리 범범'이라는 구호를 외칠 때, 이 말이 끝나기 전에 오른쪽 사람의 이름을 말하도록 지시하고 그대로 실시합니다.

❹ 지적당한 사람이 오른쪽 사람의 이름을 틀리게 말하거나 '범피리 범범'이라는 말이 끝난 후 이름을 말하면 대신 술래가 됩니다.

❺ 새롭게 술래가 된 사람과 기존 술래가 자리를 바꾸고, 자신의 오른쪽

에 있는 사람의 이름을 물어보고, 자신의 이름은 왼쪽 사람에게 가르쳐 줍니다. 새롭게 술래가 된 사람은 방금 자리를 바꾼 사람과 그 좌우에 있는 사람은 바로 지적하지 않아야 한다는 것을 알려줍니다.

❻ 촉진자는 진행 도중 지적받은 사람이 왼쪽 사람, 오른쪽으로 두 번째 사람, 왼쪽으로 두 번째 사람 순으로 이름을 대는 위치를 바꾸도록 지시합니다.

촉진노트

- 처음 만난 사람들이 서로에게 이름을 가르쳐 주는 것은 너무 간단하고 식상할 수 있습니다. 그래서 지금 기분이나 기대감, 오늘 점심에 먹고 싶은 음식 등을 한 가지 정해 이름과 함께 소개하면 좋습니다. 이러한 자기소개는 간단하면서 분위기를 자연스럽게 만들어 줍니다.

- 범피리 범범은 술래가 한 명일 때 참가자는 8~14명이 적당합니다. 참가자의 수가 이보다 많을 때는 활동의 진행이 느려져서 재미가 반감되기도 합니다. 이때는 활동 방법을 안내한 후 촉진자가 첫 술래가 되어 활동 할 때 틀린 사람을 두 번째 술래로 세우고, 촉진자와 함께 활동합니다. 경우에 따라 인원이 보다 많은 경우 촉진자는 틀린 사람과 자리를 바꾸지 않고 여러 명의 술래를 세웁니다. 여러 명의 술래가 정신없이 '범피리 범범'을 외칠 때 참가자들은 정신없는 가운데 즐겁게 활동에 참여하게 됩니다.

- 활동에 참여하는 참가자들이 서로를 잘 아는 집단인 경우에는 이름

으로 '범피리 범범' 활동을 하는 것 보다 별칭이나 장래희망 등을 사용하는 것을 추천합니다. 서로에 대해 조금 더 기억할 수 있으며, 평소 잘 드러내지 않던 것들을 알 수 있는 기회를 제공합니다.

• 활동을 마치면 모두의 이름을 외우거나 일정 수 이상의 이름을 외울 수 있는 사람이 있는지 물어봅니다. 차례차례 참가자들의 이름을 말할 때 머뭇거리거나 기억해내지 못할 때는 옆에서 조금씩 힌트를 주면 좋습니다. 사소해 보이지만 참가자의 이름을 모두 외우는 것은 보기 좋은 모습이며, 박수와 함께 이 조그마한 성공을 격려하면 모임의 분위기를 긍정적으로 이끕니다.

디브리핑

• 함께하는 사람들의 이름을 말할 수 있다는 것은 모두를 기분 좋게 할 뿐더러 말한 사람이 자랑스러워할 만한 일입니다. 활동을 마치고 모두의 이름을 말해 보거나, 몇 몇 사람의 이름을 말해 볼 사람이 있는지 물어 보세요. 그리고 그 사람이 도전을 기분 좋게 마칠 수 있도록 도와주세요. 머뭇거리거나 기억이 안날 때 주변에서 이름의 첫 글자만 말해 주거나 손짓과 발짓으로 가르쳐 주세요. 작은 힌트를 통해 스스로 참가자들의 이름을 모두 말하게 만들면 모두가 기뻐할 것입니다. 이 과정에서 촉지자만 돕는 것이 아니라 도와주려는 참가자들을 거들어 주세요. 쑥스러워 나서지 못하는 사람들에게 도와줄 수 있는 기회를 주는 것입니다.

• 소감을 발표할 때는 커다란 박수로 환영해 주세요. 멋쩍거나 쑥스러운 기분을 사그라지게 만들고, 다른 소감 발표자들에게 용기를 줄 것입니다. 그리고 소감 도중 부연 설명을 부탁해 보세요. 기억에 남는 소감은 누구든 궁금해 할 것입니다. 그리고 서로서로 가까워지는 시간이 되어줄 것입니다.

Tip 디브리핑을 위한 질문 예시

1 활동 후 세 글자 또는 다섯 글자, 한 단어로 소감을 표현해 보세요.
2 누가 가장 큰 웃음을 선사 했나요?

한 발 더 들어가기

구호를 바꾸어 해보기

❶ 구호가 짧으면 쉽게 술래가 바뀌고, 어린 아이들이나 나이가 든 사람은 반응이 늦어 술래가 쉽게 바뀝니다. 그래서 구호를 '범피리 범범범' 또는 '범피리 범피리 범범'처럼 길게 바꾸어 사용해 볼 수 있습니다. 또한 재미를 위해 '빠라바라 빠바밤'처럼 재미있게 바꾸어 해볼 수도 있습니다.

규칙을 바꾸어 해보기

❶ 우수한 인재들만 모인 집단은 쉽게 술래가 바뀌지 않습니다. 그래서 규칙을 조금 더 어렵게 바꾸어 해볼 수도 있습니다. '왼쪽 범피리 범범범'이라고 외치면 왼쪽 사람의 이름을 대고, '오른쪽 범피리 범범범'이라고 외치면 오른쪽 사람의 이름을 대는 것입니다. 이렇게 하면 활동의 난이도가 매우 높아지며 술래가 자주 바뀌게 될 것입니다.

11

변신 곰·연어·모기

상호인식 모험놀이상담

실수 드러내기: 친구와 친밀감 형성하기

즐겁게 단체 가위바위보 활동을 통해 긴장과 스릴을 느끼며,
결국에는 한 팀이 되는 활동을 해 볼까요?

- **활동목표**: 곰, 연어, 모기의 동작으로 승패를 가리는 단체 가위바위보 활동
- **장소**: 교실 또는 운동장
- **준비물**: 경계선 4개
- **적정인원**: 8~20명
- **소요시간**: 10분~20분

긴장감과 스릴은 누구도 거부할 수 없는 재미입니다. 가위바위보를 곰과 연어, 모기의 동작으로 나타내는 곰·연어·모기 활동은 그러한 긴장감과 스릴을 제공하는 최고의 활동입니다. 두 팀으로 나누어 실시하는 단순한 단체 가위바위보 활동으로 다함께 재미의 세계에 푹 빠져 보면 좋겠습니다.

❶ 참가자들을 두 팀으로 나누고 두 줄로 마주 보게 합니다.

❷ 그 중앙에 30cm 간격으로 두 개의 줄로 경계선을 표시하고, 각 팀의 뒤 공간 끝에 안전지대의 의미로 줄을 묶어 동그랗게 놓아둡니다.

❸ 곰, 연어, 모기의 상징적인 몸짓을 정하고, 몸짓과 함께 외칠 소리도 정합니다. 참가자들이 곰, 연어, 모기의 몸짓과 소리를 정하는데 오래 걸린다면 촉진자가 먼저 시범을 보이며 정해주기도 합니다.

　- 곰 : 두 손바닥을 위로 들고 검지와 중지를 발톱처럼 구부려 세우고 "어흥" 소리 내기

　- 연어 : 두 손을 모아 물고기처럼 헤엄치듯이 가르며 "파닥파닥" 소리 내기

　- 모기 : 검지를 들고 앞에서 작은 원을 그리며 "엥~~" 소리 내기

❹ 같은 팀끼리 안전지대에 모여 무슨 동작을 나타낼지 두 가지를 순서

대로 정하도록 합니다. 논의가 끝나면 중앙 경계선에서 마주 보고 서서 촉진자의 '하나, 둘, 셋!' 신호에 맞춰 서로 논의한 첫 번째 몸짓을 똑같이 표현하게 합니다.

❺ 처음에는 연습이라며 첫 번째 동작에서 동작을 멈추게 하고, 승패를 가르는 규칙과 결과에 따라 해야 할 행동을 알려 줍니다.

  - 곰은 연어를 이기고, 연어는 모기를 이기며, 모기는 곰을 이기는 것으로 승패가 결정됩니다.

  - 진 팀은 안전지대로 도망가면 살고, 이긴 팀은 진 팀이 안전지대로 도망가기 전에 아무나 터치합니다. 이때 터치 당한 사람은 상대 팀원이 됩니다.

  - 만약 자기 팀이 모두 '곰' 동작을 하는데, 자기만 다른 동작을 한다면, 그 사람은 자동으로 상대 팀이 됩니다.

❻ 두 번 모두 비기거나 한 명이라도 팀원이 바뀐 경우 다시 팀별로 안전지대에 모여 2가지 동작을 순서대로 정해오게 하여 게임을 계속 진행합니다.

❼ 모두가 한 팀이 되거나 적절한 시간이 지날 때까지 활동을 계속 합니다. 적절한 시간이 지나 촉진자가 중지시키고자 할 경우, 단 한 번의 결과로 한 명이라도 다른 팀으로 넘어가게 되면 모두 넘어가는 것으로 마무리할 수 있습니다.

- 곰·연어·모기 활동은 활동 설명이 매우 깁니다. 그래서 활동에 대하여 설명할 때 단계적으로 설명하는 것이 좋습니다. 처음부터 끝까지 설명하는 것이 아니라 참가자가 하나의 지시를 이행하면 그에 대해 설명해 나갑니다. 이렇게 함으로써 참가자들이 지루함을 느끼지 않고 활동이 이미 시작되었다는 느낌을 가지게 만드는 것입니다.

- 처음에 두 팀으로 나누는 방법은 여러 가지가 있지만 자연스럽게 두 팀으로 나누는 것이 좋습니다. 첫 번째 방법으로 손깍지를 끼게 하여 구분하는 것입니다. 손깍지를 꼈을 때 오른쪽 엄지손가락이 위로 올라오는 사람과 왼쪽 엄지손가락이 위로 올라오는 사람으로 구분하는 것입니다. 두 번째 방법은 팔짱을 끼게 하는 것입니다. 팔짱을 끼었을 때 오른손이 위로 올라오는 사람과 왼손이 위로 올라오는 사람으로 구분하는 것입니다. 이외에도 다양한 방법을 이용하여 두 팀으로 나눌 수 있습니다. 마지막으로 인원수가 절반으로 나뉘지 않을 경우에는 자원자를 받아 반대 팀으로 넘어가게 하면 될 것입니다.

- 게임 시 두 팀이 마주보고 서 있을 때 몸을 뒤로 빼거나 너무 앞서 있는 사람들이 있습니다. 그래서 중앙의 두 줄의 경계선에 한 쪽 발끝을 닿게 합니다. 그리고 나머지 발은 뒤로 빼게 하여 도망갈 준비를 하게 하는 것입니다. 이렇게 동작을 지정해 주면 서로 반칙이라고 말할 여지를 줄여주게 됩니다.

- 간혹 여러차례 비기는 경우가 나오기도 합니다. 이때는 서로 텔레파시가 통했다며 하이파이브를 하게 하면 좋습니다. 서로 너무 잘 통하

는 사람들이라고 알려 주는 것이지요.

- 마지막으로 이 활동은 여러 사람이 동시에 도망가고 쫓아가는 과정에서 다치는 사람이 나올 수도 있습니다. 그래서 상대방을 터치할 때는 심하게 치지 않도록 하며, 너무 심하게 도망가거나 쫓아가지 않도록 주의를 줍니다. 또한 정해진 활동 영역을 너무 벗어나는 경우 차라리 아웃되는 것이 낫다고 알려 줍니다. 활동 영역을 심하게 벗어나는 사람들이 종종 다치기도 하기 때문입니다. 간혹 활동에 참여하는 대신 관전을 즐기는 사람도 나옵니다. 이런 사람은 심판이나 안전요원의 역할을 부여하고 나중에 관전평을 듣는 것도 하나의 방법입니다.

디브리핑

- 마지막에 상대 팀으로 넘어간 사람에게 지금 이 순간 이긴 팀인지 진 팀인지 물어볼 수 있습니다. 대개의 사람들은 이때 머뭇거리게 됩니다. 직전의 상황에 연연하기 때문이지요. 하지만 지금 이 순간에는 이긴 팀이 되었다는 것을 알려주면 좋습니다. 모두가 한 팀이라 강조하는 것입니다.

- 이긴 팀은 상대 팀을 터치해야 하고, 진 팀은 재빨리 안전지대로 도망가야 하는데 그렇게 하지 못했던 사람들이 있습니다. 그럴 때 왜 그렇게 행동하게 되는지 물어 보세요. 나아가 일상생활에서 이러지도 못하고 저러지도 못하여 당황스러운 행동을 했던 적이 있는지 물어보세요. 누구나 그러한 순간이 있을 것입니다. 누구에게나 닥칠 수 있는

상황에 대하여 다른 사람들의 경험으로부터 배울 수 있는 좋은 기회가 될 것입니다.

Tip 디브리핑을 위한 질문 예시

1 상대 팀에게 잡혀 갔을 때와 잡아 왔을 때의 느낌은 어떤가요?

2 최종적으로 넘어 온 사람은 어떤 기분인가요?

3 논의 과정에 가장 많은 의견을 내놓은 사람은 누구인가요? 어떤 행동이 리더십을 발휘하게 하는 행동이라 생각하나요?

4 누가 이겼나요? 아니면 누가 졌나요?

한 발 더 들어가기

가위바위보 동작 바꾸어 보기

❶ 발로 하는 가위바위보 동작(가위는 다리를 앞뒤로 벌리기, 바위는 모둠발로 서기, 보는 좌우로 다리 벌리기)이나 새로운 동물을 정해 가위바위보 몸짓과 소리를 정해볼 수 있습니다. 아이들이나 참가자들이 창의적으로 정한 동작으로 활동을 진행한다면 활동에 재미를 더할 수 있을 것입니다.

12

빨리 줄서기

분위기를 조성하는 모험놀이상담

집중하기: 온 몸으로 집중하기

두서없는 변화에 사람들은 어떻게 적응할까요?
과거의 모습으로 되돌아가기 위해 현재의 모습을 흩트리고,
원래의 모습으로 회귀하는 혼란과 역동의 과정을 함께 겪어 볼까요?

- **활동목표:** 리더를 기준으로 이전과 같은 상태 만들기
- **장소:** 교실 또는 운동장
- **준비물:** 경계선
- **적정인원:** 16~40명
- **소요시간:** 10분~20분

과거는 현재를 지배한다고 합니다. 네 팀으로 나뉜 사람들이 사각형 모양을 형성하고, 가운데에서 수시로 방향을 바꾸는 촉진자를 기준으로 원래의 모습으로 되돌아가려고 노력하는 사람들의 움직임을 통해 혼란과 혼란 속에서 자리잡아가는 질서의 기운을 느껴 보시기 바랍니다.

진행하기

❶ 다양한 카테고리 활동을 이용하여 참가자들을 네 팀으로 나눕니다.

❷ 각 팀을 사각형의 모습이 되도록 서게 합니다. 이때 한 팀이 사각형의 한 변을 이루도록 하고, 각 팀끼리는 서로 조금의 간격을 띄웁니다. 바닥에는 사각형의 경계선을 만들어 두면 도움이 됩니다.

❸ 팀원들이 자신의 왼쪽과 오른쪽에 누가 서 있는지 확인하게 합니다. 이때 서로 소개하는 시간을 가질 수도 있습니다.

❹ 촉진자는 사각형의 한 가운데 서서 사각형의 한 변을 정면으로 바라보고 섭니다.

❺ 참가자들은 촉진자의 앞과 뒤, 왼쪽과 오른쪽 중 어떤 면을 바라보고 있는지 확인하며, 촉진자도 누가 자신의 정면과 왼쪽, 오른쪽에 서 있는지 확인합니다.

❻ 촉진자가 제자리에서 천천히 돌다가 사각형의 한 변을 바라보며 멈추어서 '줄서기 시작'을 외치면, 그 즉시 참가자들은 촉진자를 중심으

로 처음 방향과 같은 방향이 되게 섭니다. 이때 각 팀은 촉진자를 중심으로 최초에 서 있던 방향이 일치하여야 하며, 팀 구성원의 순서도 처음과 같아야 합니다.

❼ 촉진자를 중심으로 최초 대형과 같은 방향과 순서로 선 팀은 서로 손을 잡고 위로 올리면서 '빨리 줄서기' 또는 팀 구호를 외칩니다.

❽ 같은 방법으로 촉진자는 여러 차례 제자리에서 방향을 바꾸며 '줄서기 시작'을 외치고, 이때마다 참가자들은 최초의 방향과 순서대로 서서 '빨리 줄서기' 또는 팀 구호를 외칩니다.

❾ 촉진자는 같은 방식으로 열 번 정도 방향을 바꾸며 '빨리 줄서기'를 외칩니다.

촉진노트

• 혼란스러운 상황에서 자연스러운 웃음이 나오도록 촉진자는 처음에는 천천히 방향을 바꾸며 '빨리 줄서기'를 외치다가, 점점 속도를 높여 빠르게 제자리에서 방향을 바꿉니다.

• 이 활동은 어느 팀이 가장 빨랐는지를 점검하기보다 참가자들을 빠르게 움직이도록 만드는 것이 좋습니다. 그래야 두서없는 혼란스러움을 경험할 수 있게 됩니다.

- 가장 성공률이 높거나 가장 빨리 성공하는 팀은 어디인가요? 저 팀은 어떻게 가장 빨리 성공할 수 있었을까요? 이 질문을 다른 팀에게 먼저 해 보세요. 혼란 속에서 성공을 위해 노력하는 사람들의 행동에 대해 다른 사람들의 입을 통해 듣는 것은 색다른 느낌을 줍니다. 그리고 당사자들의 기쁨과 성취감을 키워줍니다. 그리고 마지막으로 당사자들에게 물어 보세요. 다른 팀들의 대답에 대해 어떤 말을 하고 싶은지?

- 안전과 성공 사이에서 고민해야 할 것은 무엇일까요? 가장 빨리 성공하면서 안전하게 활동할 수 있는 방법이 있을까요? 동전의 양면과 같이 어느 한 쪽을 위해 다른 한 쪽을 포기해야 할까요? 아니면 두 가지 모두 손에 쥘 수 있는 방법이 있을까요?

Tip **디브리핑을 위한 질문 예시**

1 가장 빨리 성공하는 팀은 어떤 팀인가요? 어떻게 그렇게 할 수 있었을까요?

2 안전과 성공은 함께 할 수 있을까요?

3 빠르게 줄을 서는 가장 좋은 방법은 무엇일까요? 이 과정에서 필요한 것은 무엇이라 생각하나요?

줄서기 후 특정 동작 취하기

❶ 빠르게 줄서기를 목표로 연습하다 줄서기 후 특정 동작을 정해 해당

동작으로 마무리하며 구호를 외치게 해 봅니다.

❷ 재미있으면서 의미를 담을 수 있는 동작이면 더 좋습니다.

13

트랜스포머 태그

분위기를 조성하는 모험놀이상담

집중하기: 온 몸으로 집중하기

머리족: 손바닥을 세우고 손목 부위를 이마에 대고
남은 손으로 다른 사람을 터치하려는 사람

꼬리족: 손은 엉덩이에 대어 꼬리 모양으로 만들고
남은 손으로 다른 사람을 터치하려는 사람

아이들은 변신 놀이를 좋아합니다. 여러 가지 모습으로 바뀌며 역할까지 바꾸어 행동할 수 있기 때문인 것 같습니다. 순간순간 역할이 바뀌며 긴장감과 흥미를 더해가는 변신 마법 놀이 트랜스포머 태그 활동을 함께 해봅시다.

- **활동목표:** '머리족'과 '꼬리족'이 상대편을 터치하여 자신의 편으로 만들기
- **장소:** 교실 또는 운동장
- **준비물:** 없음
- **적정인원:** 8~30명
- **소요시간:** 10분~15분

시작에 앞서

모두가 흩어져서 두 가지 종족 중 한 가지 종족을 임의로 선택하게 된다면, 바로 옆 사람이 나와 같은 종족이 될 확률은 얼마나 될까요? 이처럼 불확실한 상황에서 내가 선택한 것과 다른 종족을 터치하여 자신의 종족으로 만드는 활동을 통해 어린 시절 천진난만한 모습으로 되돌아가 볼까요?

진행하기

❶ 참가자들에게 '머리족'과 '꼬리족'의 두 가지 모습을 알려 줍니다.
   - 머리족 : 한 손의 손바닥을 펴서 뿔처럼 머리에 붙입니다.

- 꼬리족 : 한 손의 손바닥을 펴서 꼬리처럼 엉덩이에 붙입니다.

❷ 참가자는 흩어져서 이 두 가지 중 한 가지를 마음속으로 정한 뒤, 촉 진자가 "변신!" 또는 "하나, 둘, 셋!"이라고 외치는 순간 생각한 모습을 취합니다.

❸ 시작 신호와 함께 자기와 다른 모습을 한 종족을 터치하며 돌아다닙 니다. 이때 터치 부위는 사전에 정해 둡니다.

❹ 터치 당한 사람은 그 자리에서 상대편 종족으로 바뀝니다.

❺ 모두 같은 종족이 될 때까지 활동을 계속합니다.

촉진노트

- 경우에 따라 다수의 참가자들이 '꼬리족'을 선택하여 금방 끝나는 경 우가 있을 수 있습니다. 이런 분위기가 사전에 감지되거나 염려가 된 다면 참가자들에게 어떤 것이 행동하기 편안한지 미리 연습을 시켜 봅니다. 그리고 편안한 것을 선택하는 것이 활동의 재미를 더할 수 있 는지 물어볼 수 있습니다. 이러한 설득의 과정을 통해 참가자들이 보 다 활발하게 움직이도록 유도하면 좋을 것입니다.

- 그럼에도 다수의 참가자들이 어느 한쪽을 절대적으로 지지하는 경우 라면 이 순간만큼은 모두가 동질의식을 느끼는 것이라 생각해도 될 것입니다. 그리고 이처럼 모두가 한 가지 종족의 모습을 선택하게 되 는 까닭이나 과정에 대해 이야기를 나눌 수 있습니다. 다수의 선택이 일방으로 기우는 것은 좋은 디브리핑 소재입니다.

- '머리족'의 뿔 모양이나 '꼬리족'의 꼬리 모양은 한 가지가 아닙니다. 참가자들이 활동에 보다 적극적이길 원한다면 '머리족'과 '꼬리족'의 손 위치를 참가자들이 스스로 선택하도록 해 보세요!
- 활동 공간이 충분한 경우 참가자들이 넓게 흩어져 활동하는 것이 활동의 재미를 더하는 방법입니다. 반대로 활동 공간이 좁은 경우에는 터치 부위에 제한을 주면 좋습니다. 팔꿈치 위와 등만 터치하게 하거나 몸통을 제외하고 팔꿈치 위쪽 팔만 터치하게 할 수 있습니다. 이러한 변화는 종족의 변신 속도를 조율하는 결과를 가져올 것입니다.
- 안전을 위해서는 걷기 제한 규칙을 둘 수 있습니다. 예를 들어 뛰지 않고 빠르게 걷기만으로 이동하게 합니다.

디브리핑

- 사람은 누구나 불가능한 것을 꿈꾸기도 합니다. 평소 변신하고 싶었던 것이 있는지 물어볼 수 있습니다. 그것이 사람이든 역할이든 가릴 것 없이 말입니다. 그리고 그러한 욕망을 가장 크게 느끼는 순간이 어떤 순간인지도 물어보세요.
- 트랜스포머 태그는 빨리 끝나기도 하지만 다소 시간이 걸릴 때도 있습니다. 그 이유는 참가자들의 행동양식과도 관련이 있을 것입니다. 참가자들에게 어떻게 하면 모두를 재빨리 우리 팀으로 만들 수 있을지 생각해 보게 하세요. 실제로 참가자의 행동 중에서 그러한 행동들이 있었다면 당사자들에게 그때의 느낌을 물어보아도 좋습니다.

1 한 번도 변신하지 않고(태그 당하지 않고) 처음부터 끝까지 자신이 선택한 종족을 유지한 분이 있나요? 어떻게 활동하셨나요? 지금의 기분이 어떠세요?

2 여러 번의 변신 끝에 처음 종족으로 되신 분? 어떤 과정을 거치셨나요? 기분은 어떤가요?

3 처음 선택한 종족과 마지막 종족이 다르신 분이 있나요? 심정이 어떠세요?

4 가장 즐거웠던 장면은 어떤 장면인가요? 그게 왜 가장 인상에 남았을까요?

5 살아가면서 다른 팀에 새롭게 통합되어 들어가 본 적 있나요? 어떠셨나요?

6 변신하고 싶은 것이 있다면 무엇인가요?

7 어떻게 하면 모두를 우리 팀으로 만들 수 있을까요?

한 발 더 들어가기

종족의 특징 바꾸어 해보기

❶ '머리족'과 '꼬리족' 대신 '배족'과 '등족'으로 실시해 볼 수 있습니다. 한 손을 배에 대거나 뒷짐 지듯 허리에 대는 방법으로도 실시해 보세요.

❷ 터치 당하면 특정한 모션과 소리를 외치고 상대 종족으로 합류하게 해 보세요. 익살스러운 행동과 기묘한 의성어는 활동의 재미를 더할 수 있습니다.

14

무릎치기

분위기를 조성하는 모험놀이상담

집중하기: 온 몸으로 집중하기

무릎치기 활동은 옆 사람의 무릎을 치며 주어진 문제를 해결해가는 릴레이 활동입니다.

- **활동목표:** 자연스러운 신체접촉을 통해 분위기를 부드럽게 하면서 주어진 문
  제를 해결하기
- **장소:** 실내(교실) 또는 실외(운동장)
- **준비물:** 사람 수 만큼의 의자
- **적정인원:** 8~30명
- **소요시간:** 10분~20분

활동을 시작하기에 앞서 내 무릎 위에는 양 옆 사람의 양 손을 놓고 시작합니다. 이 활동은 가장 짧은 시간 안에 손바닥으로 옆 사람의 무릎을 릴레이하듯 치면서 한 바퀴를 돌아오는 활동입니다.

　말은 하지 않고 눈과 손으로만 최단 시간 안에 목표를 달성하게 하는 초 집중 활동입니다. 터져 나오는 웃음, 긴장된 숨소리, 손바닥 치는 소리만 들리게 됩니다.

❶ 의자를 원으로 만들어 앉습니다. 자신의 무릎에 각각 옆 사람의 손이 오도록 합니다. 자신의 오른쪽 무릎에는 오른 쪽 옆 사람의 왼손이 있고 왼쪽 무릎에는 왼 쪽 옆 사람의 오른 손이 오게 됩니다.

❷ 신호를 보내는 방법은 시작하는 사람이 자신의 왼쪽 오른쪽 손 중에 한 손으로 상대방의 무릎을 살짝 치고 그 방향으로 바로 옆의 사람이 무릎을 치면서 한 바퀴 돌면 됩니다.

❸ 얼마나 빨리 도는지 볼까요? 더 빨리 할 수 있을까요? 어떻게 하면 될까요? 아이들이 전체 한 바퀴 도는데 걸리는 시간을 측정해 봅니다.

❹ 시간 단축을 위해 협의 한 후 다시 시작해 봅니다.

❺ 이제 규칙을 바꿔서 무릎을 치다가 두 번 치면 지금까지와 반대 방향으로 돌아갑니다. 그러다 순서를 잘 모르거나 자기 순서가 아닌 사람이 무릎을 치면 틀린 손은 밖으로 뺍니다. 끝까지 남는 사람은 누구일까요?

촉진노트

• 무릎치기 활동은 극도의 집중과 몰입이 요구되는 활동입니다. 시간을 단축하는 가장 성공적인 요소가 무엇인지 물어보면 "정해진 목표를 달성하고자 하는 의식, 거리를 좁혀 앉아 거리감을 가깝게 해서 옆 사람의 무릎에만 집중하기"라고 이야기가 나올 것 입니다. 이렇게 함께 의논하면서 방법을 찾는 과정에서 활발한 의사소통이 이루어질 수 있습니다. 방법을 내놓은 학생들은 평상시 얌전하거나 수업 시간에 집중하지 않던 학생들도 적극적으로 의견을 내놓은 장면을 보게 됩니다. 이 장면을 기억하셨다가 디브리핑 시간에 이야기를 나눌 수 있습니다.

- 가벼운 신체적 접촉이 있는 활동이므로 불편해 하거나 거부감을 느끼지 않도록 세심하게 자리 배치를 합니다. 물론 활동에 몰입하다 보면 불편한 감정을 어느새 사라져버릴 것입니다.

디브리핑

- 간단하지만 목표 달성을 위해 함께 의논하고 새로운 방법을 찾아 문제를 해결하는 활동입니다. 이 활동을 하다보면 참여하는 학생들 중에 주로 듣는 친구, 의견을 많이 내는 친구의 모습을 보게 됩니다. 이 상황을 설명하면서 '평상시 자기의 모습은 어떤가.'에 대하여 이야기를 나눌 수 있습니다.
- 자기가 좋아하고 잘 하는 분야에 대하여 의견을 많이 내는 경우를 자주 봅니다. 즉 자신감이 많으면 적극적으로 참여하는 학생들의 모습을 보게 됩니다. 평상시 나의 자신감의 정도를 엄지손가락으로 나타나게 해 보고, 자신감을 가지고 했던 일 중에, 내가 아이디어를 내고 한 것에서 성공했던 일을 함께 이야기해보면 좋습니다.
- 학교에서 서열이 있을 때(성적, 연령, 직급)는 언제였는지 이야기 나누어 봅니다. 또 자유롭게 이야기했을 때 내 의견이 받아들여졌다는 감정이 들 때는 언제인지 자유롭게 토론해 봅니다. 평상시 자기의사를 표현하는 것에 서툴고, 또한 소극적으로 집단 활동에 참여하는 학생에게 물어보는 것도 좋습니다.
- 리더의 경험, 자기가 한 선택이 올바른 결과물로 나타났을 때가 있었

다면 언제였는지, 그 때의 감정은 어떠하였는지에 대해서도 함께 이야기해볼 수 있습니다.

디브리핑을 위한 질문 예시

1 빨리 보낼 수 있었던 성공 방법이 무엇인지 이야기 해볼까요?

2 가장 늦게까지 살아남은 사람의 비결은 무엇입니까?

3 지금까지 살아오면서 자신이 낸 의견 중에 받아들여져서 훌륭한 결과를 만들어 낸 경험이 있나요?

4 자신이 하지 않은 일로 엉뚱한 오해를 받은 것 중 재미있는 상황을 하나 소개해 주세요.

5 자신이 경험한 가장 기분 좋은 전기 같은 순간이나 사람이 있었다면 소개해 주세요.

한발 더 들어가기

❶ 어깨동무를 한 상태에서 옆 사람의 어깨에 손을 얹은 형태로 하면서 "잘했어"라고 말을 하면서 어깨를 토닥이며 돌 수도 있습니다.

❷ 책상에 손을 올려놓고 할 수 있습니다. 이때는 서로의 팔을 엇갈려 놓습니다. 활동 방법은 같습니다.

❸ 서서 자신의 팔을 엇갈려 손을 쥐었다 폈다 하면서 할 수 있습니다. 역시 두 번 손을 쥐었다 폈다 하면 방향이 바뀝니다. 양 손 다 틀린 사람은 빠집니다.

15

탱크

차를 운전하는 것은 참 재미있습니다. 자신의 생각대로
무언가를 조정하기 때문일 것입니다. 그기에 더해 상대를 맞출 수 있는
포탄까지 쏘아 보낼 수 있다면 더 재미있지 않을까요?

- **활동목표:** 운전자와 탱크가 한 팀이 되어 상대 탱크 맞추기
- **장소:** 교실 또는 운동장
- **준비물:** 참가자의 절반에 해당하는 수의 인형과 안대
- **적정인원:** 8~30명
- **소요시간:** 10분~20분

자동차를 운전하는 것은 주변에서 흔히 볼 수 있습니다. 하지만 탱크를 운전하는 것은 어떨까요? 마음이 맞는 두 사람이 짝을 이루어 한 사람은 운전자가 되고 한 사람은 탱크가 됩니다. 자유롭게 흩어져서 다른 팀을 포탄으로 맞추어 보세요. 대신 자신들이 포탄에 맞아 아웃될 각오도 해야 합니다.

❶ 마음이 맞을 것 같은 사람과 짝을 이룹니다.
❷ 한 사람은 탱크, 다른 사람은 운전자로 역할을 나눕니다. 탱크는 안대를 하고 범프-업 자세로 이동하며, 운전자는 탱크의 몸에 손을 대지 않고 말로만 운전하여야 한다고 알려 줍니다.

〈범프-업 자세〉

❸ 탱크 역할자에게 인형을 하나 주고, 시작 신호에 손에 든 인형을 모두 위로 던지게 합니다.

❹ 탱크는 운전자의 안내에 따라 주변에 떨어진 인형을 주워 다른 탱크를 맞추면 됩니다. 그리고 이동할 때는 범프업 자세를 취합니다.

❺ 탱크가 인형에 맞으면 운전자와 탱크는 역할을 교대합니다.

❻ 떨어진 인형은 원래 주인을 구분하지 않고 다시 주워서 사용할 수 있습니다.

❼ 운전자와 탱크는 어떻게 하면 정확하고 안전하게 움직일지 신호를 함께 정할 수 있습니다.

❽ 탱크뿐만 아니라 운전자도 인형에 맞을 경우 서로 역할을 바꾸게 할 수 있습니다.

촉진노트

• 안전은 언제나 중요합니다. 그래서 맞아도 아프지 않은 인형을 사용해야 합니다. 나아가 상대편이나 자신이 인형에 얼굴이 맞을 수 있음을 알려주고, 탱크가 인형을 세게 던지지 않아야 함을 강조합니다. 그리고 이동 시에 서로 부딪치지 않도록 천천히 움직이며 범프업 자세를 유지하도록 안내합니다. 이러한 안내는 필요에 따라 여러 번 하는 것이 좋을 것입니다.

• 활동의 재미가 지속되는 것은 중요합니다. 처음 탱크 활동은 탱크가 아웃되어야만 서로 역할을 바꾸었지만, 나중에는 운전자 역시 인형을

맞게 되면 아웃으로 간주하여 팀원이 서로 역할을 바꾸는 것으로 진화하였습니다. 이것은 멈춤 없이 활동을 지속하면서 새로운 의미부여가 가능하지 않을까라는 마음에서 였습니다. 이에 더하여 활동에 역동성을 더하기 위해 촉진자가 아웃된 팀을 향해 '아웃!' 또는 '역할 바꾸세요!'와 같은 멘트를 하여도 되며, 아웃된 팀에게 '아이코!'와 같은 소리를 내개 할 수도 있습니다. 그리고 조금 아프게 맞은 경우에는 '아야!'라고 소리를 내게 할 수도 있을 것입니다. 이러한 소리를 통해 안전과 재미있는 분위기를 함께 연출할 수 있을 것입니다.

디브리핑

- 활동을 마치고 참가자들에게 탱크와 운전자 중 어떤 역할이 더 편안했는지 물어볼 수 있습니다. 이때 참가자들의 대답을 잘 들어 보세요! 안대를 하고 있는 역할과 안대를 하지 않은 역할에 대한 이야기를 하는 것인지, 누군가의 지시를 따르는 역할과 누군가에게 안내하는 역할에 대한 이야기인지? 아니면 또 다른 역할에 대한 이야기인지를요. 참가자들마다 성향이 다르기에 선호하는 역할이 다를 수는 있지만 위와 같이 무엇에 대하여 이야기를 하는지는 유심히 살펴보아야 합니다. 그리고 참가자들의 대답과 관련하여 추가적인 질문이나 동료들에게 조언을 부탁하면 좋습니다.
- 위 질문을 어린 아이들이나 중학생들에게 한다면 처음부터 구체적으로 질문할 수 있습니다. '안대를 하고 활동하는 탱크의 역할이 더 편

안했니? 눈을 뜨고 활동하는 운전자의 역할이 더 편안했니?'라고 물어볼 수 있습니다. 아니면 '운전자의 지시에 따라 행동하는 탱크 역할이 더 편안했니? 탱크에게 계속하여 안내와 지시를 해야 하는 운전자가 더 편안했니?'라고 물어볼 수도 있습니다. 어린 아이들에게는 보다 구체적으로 물어보면서 단계적으로 질문을 해 나간다면 아이들도 그에 맞게 구체적인 생각과 대답을 할 수 있게 됩니다.

Tip 디브리핑을 위한 질문 예시

1 한 번도 공에 맞지 않을 수 있었던 비결은 무엇인가요?

2 탱크와 운전자 중 더 마음에 드는 역할과 그 이유는 무엇인가요?

3 가장 기억나는 순간을 몸으로 표현해 본다면?

4 누군가 나를 탱크처럼 안전하게 지켜주고 있다는 느낌을 받은 적 있나요?

5 반대로 내가 지키고 싶은 것이 있나요?

한 발 더 들어가기

인형 대신 종이공 사용하기

❶ 인형이 말랑말랑 하더라도 세게 던지면 맞은 사람을 아플 수 있습니다. 그리고 미처 인형을 준비하지 못하는 상황도 생각해 볼 수 있습니다. 그런 경우 인형 대신 학교에 많은 이면지를 구겨서 공처럼 만들어 사용할 수 있습니다

❷ 종이를 구겨 공처럼 만들어 사용하면 무엇보다 인형을 준비하지 않아도 되고, 아프지 않아서 아이들이 두려움 없이 활발하게 활동할 수 있습니다.

16

매직볼

실제 공은 없으며, 투명 공을 가지고 하는 놀이입니다.

모두가 동그랗게 둘러 앉아 놀이를 하는 상상은 흐뭇함을 자아냅니다.
눈에 보이지 않는 마술 공을 옆 사람이나 건너편 사람에게 전달하면서
서로의 우스꽝스러운 모습에 깔깔거려 보면 어떨까요?

- **활동목표:** 원 안에서 구호를 외치며 눈에 보이지 않는 공 전달하기
- **장소:** 교실 또는 운동장
- **준비물:** 없음
- **적정인원:** 8~30명
- **소요시간:** 10분~20분

상상력은 모든 분야에 기여합니다. 과학에서 상상력은 발명으로 이어질 수 있습니다. 활동에서의 상상력은 새로운 재미를 가져다줍니다. 모두가 동그랗게 둘러앉아 눈에 보이지 않는 마술 공 하나로 얼마나 즐거워질 수 있을지 상상해 보세요.

진행하기

❶ 원으로 둘러서거나 앉습니다.

❷ 손 위에 보이지 않는 공, 매직볼이 있다고 생각하고 손으로 공을 받치고 있는 모양을 함께 취해 봅니다. 공을 보내거나 받을 때 항상 두 손을 모아 공을 받치듯 행동합니다.

❸ 촉진자는 오른쪽이나 왼쪽 사람에게 가능한 한 빨리 공을 패스하는 포즈를 취하면서 '슉'이라고 외치면, 진행 방향의 옆 사람은 이 공을 받는 시늉을 합니다. 이러한 방식으로 매직볼을 한 바퀴 돌려봅니다.

❹ 이제 촉진자는 진행 방향으로부터 공을 반대로 보내는 시범 보입니다. 매직볼이 촉진자에게 전달될 때 손바닥을 펴서 가로막는 행동을 하며 '펑'이라고 외칩니다. 그러면 매직볼을 전달하던 사람은 다시 반대방향으로 매직볼을 전달합니다. 자연스럽게 계속 진행하며 연습을 합니다.

❺ 이 모든 것을 소화하면, 촉진자가 원 내에서 공을 보내는 또 다른 방

법을 소개합니다. 원을 가로질러 아무나 공을 주고 싶은 사람에게 눈을 맞추고, 두 손을 모아 보내고자 하는 사람을 향해 머리위로 내 뻗으며 '피유-우-우-우-우-웅'이라고 외칩니다.

❻ 이때 받는 사람은 '와아아아아아아아아아아' 하며 받고, 옆 사람에게 '슉'이라 외치며 전달하던가 반대편 사람에게 '피유-우-우-우-우-웅'이라 외치며 가로질러 전달할 수 있습니다.

❼ 어느 정도 활동 방법이 숙지되면 촉진자는 매직볼이기에 중간에 거두어들일 수 있다고 말하며 매직볼을 걷는 시늉을 한 후, 처음부터 실시해 봅니다.

촉진노트

• 매직볼 활동에서 참가자들의 상상력은 중요하게 작용합니다. 이를 위해 모두 동그랗게 둘러앉은 상태에서 촉진자가 주머니에서 무언가를 꺼내어 두 손을 감싼 후 이 안에 무엇이 들어 있을지 상상해 보라는 말로 시작하면 좋습니다. 물론 손 안에는 아무것도 없지만 요술공이 있다고 말하고 이 요술공이 보이는 분 손들어 보라고 합니다. 그리곤 '이 요술공이 보이다니 정말 대단하고 활동에 참여할 준비가 되신 분입니다.'라며 칭찬합니다. 이러한 촉진자의 초반 상황설정 행동 후에 활동방법을 안내하면 분위기가 보다 빨리 좋아질 것입니다.

• 참가자들의 과도한 제스처 역시 매직볼 활동의 재미를 배가시킵니다. 특히 반대편 사람에게 매직볼을 보낼 때 시범을 보이는 촉진자의 소

리와 행동은 과도한 것이 좋습니다. 이는 다른 참가자들의 소리와 행동이 과도해 지도록 돕습니다. 그리고 이내 즐거운 분위기를 만들게 됩니다.

디브리핑

- 이 활동의 묘미는 참가자들 자신의 과도한 제스처와 상상만으로 활동을 할 수 있다는 활동 자체일 것입니다. 따라서 당신이 웃고 있는 것은 어떤 이유 때문인지 물어볼 수 있습니다. 처음에는 단순하게 누군가의 행동 때문이라 답할 수 있지만, 조금 더 들어가 왜 그러한 행동이 자신에게 웃음을 주고 있는지 물어볼 수 있습니다. 자신의 어떤 마음이 다른 사람들의 행동과 어우러졌을 때 웃음으로 나타나는지 말입니다. 그리고 어떤 상황이 자신을 웃게 만드는지 살펴볼 수 있습니다. 마지막으로 자신을 웃게 만드는 것이 무엇인지 함께 이야기를 나눌 수 있을 것입니다.

- 참가자들은 상상 속의 매직볼을 주고받으며 기분이 좋아집니다. 마찬가지로 자신을 기쁘게 하는 것을 받을 수 있다면, 어떤 것을 받고 싶은지 물어볼 수 있습니다. 그리고 그것이 왜 자신을 기쁘게 하는지도 말해볼 수 있습니다. 사람마다 자신을 기쁘게 하는 것은 다릅니다. 하지만 기쁘게 하는 것이 있다는 것은 알고 있습니다. 서로가 서로에게 기쁨을 선사할 수 있는 선물을 주고받는 집단이 되면 좋을 것입니다.

디브리핑을 위한 질문 예시

1 매직볼처럼 다른 사람에게 받고 싶은 것이 있다면? 혹은 주고 싶은 것이 있다면?

2 공을 어떻게 주면 기분이 좋을까요?

3 상대방이 던져주는 이게 무엇이면 좋겠나요?

4 받는 사람이 정말 기분 좋게 받아 줄 때 어떤 느낌이 들었나요?

5 누구 표정이 제일 재미있었나요?

6 이 활동을 통해 갖고 싶은 다른 사람의 성향이나 능력이 있다면 무엇일까요?

한 발 더 들어가기

두 개 이상의 매직볼 사용하기

❶ 참가자들이 자연스럽게 활동하게 되었을 때, 매직볼이 하나 더 있다고 말하고 차례대로 주머니에서 매직볼을 꺼내는 시늉을 하며 매직볼을 서로 반대방향으로 두 개를 보냅니다.

❷ 참가자들이 활동에 매우 열심이거나 사람이 많은 경우 매직볼을 세 개 이상 사용해도 됩니다.

동작과 구호 바꾸어 해보기

❶ 경우에 따라 새로운 동작과 구호를 바꾸어 해볼 수 있습니다. 이를테면 농구처럼 패스하는 동작에 소리는 '쿵' 하고 던지고, 바구니처럼

팔로 안는 동작에 소리는 '찌르릉' 하고 받습니다.

❷ 때로는 참가자들과 함께 창의적으로 소리와 공 넘기는 방법을 정해 활동을 해 볼 수 있습니다.

17

꼭짓점 태그

꼭짓점 태그 활동은 술래-보물-보호자로 역할을 바꿔가며
태그하는 분위기 조성 활동입니다.

- **활동목표:** 태그 활동을 통해 긴장 상태의 모험 상황을 제공하며, 역할 바꿈의 재미와 보호자와 방어자의 뿌듯함, 외로움, 안전감 등을 느낄 수 있다.
- **장소:** 운동장
- **준비물:** 경계선 줄
- **적정인원:** 8~30명
- **소요시간:** 10분~20분

꼭짓점 태그 활동은 내가 충분히 보호받고 지지받고 있다는 느낌을 듬뿍 가지게 하는 활동입니다. 가정에서는 부모님으로부터, 학급에서 선생님으로부터 보호받고 친구들로부터 인정을 받고 있다는 느낌을 가질 때, 아이들은 학교로 오는 발걸음이 가볍습니다. 그리고 정서적으로 편안함을 느끼게 됩니다.

학교에서 안정적으로 생활하고 사회성 및 학습 습관도 안정이 되는 아이들은 자신감을 가진 학생으로 성장을 하는 경우가 많습니다. 우리는 결코 혼자 힘으로 세상을 살아갈 수 없습니다. 부모나 학교, 친구의 보호를 받는 것은 감사할 일이고 누군가를 보호할 수 있다는 것이 얼마나 축복인지 아이들에게 알려줍니다.

진행하기

❶ 전체가 합하여 모두가 손을 잡고 2개 혹은 1개의 원을 만듭니다. 인원수에 따라 결정합니다.

❷ 술래를 1-2명(술래 1명당 10명 정도 담당 가능, 참여자가 많을 경우 제1술래, 제2술래 지정) 정합니다. 그리고 보물도 1명 결정합니다.

❸ 교사는 제1술래가 보물을 태그하도록 시작 구령을 내립니다. 그러면 제1술래는 보물을 태그하러 움직입니다. 전체 원도 따라 보물을 보호하기 위하여 움직입니다.

❹ 술래는 잡은 팔 아래로, 위로, 옆으로 돌아가며 보물을 태그합니다. 팔 안으로 들어가서 태그할 수 있습니다.

❺ 제1술래가 힘에 겨워 할 때 리더는 제2술래의 투입을 허용합니다. 그리고 두 술래가 협력하여 보물을 태그 하도록 합니다. 이때 시간제한을 정합니다.

❻ 두 술래가 보물을 태그하면 새로운 술래를 뽑고 보물도 새로 정하여 다시 시작합니다.

촉진노트

• 보물을 정할 때 어떤 이유로 정하는지 서로 의논하고 결정할 수 있도록 합니다. 보물을 정하는 이유를 디브리핑 시 나눌 이야기라고 미리

안내하셔도 됩니다.

- 보물을 보호해 주는 방어자의 입장에서 보호에 집중하다 보면 방어하기 위한 손놀림이 너무 강해 술래를 때릴 수 있으니 사전에 혹은 진행 중에도 계속 주의할 수 있도록 안내해야 합니다. 또한 뒷걸음질 할 때나 피해 다닐 때, 태그할 때, 부상 혹은 아픔을 방지하기 위하여 안전에 유의하도록 특별히 강조합니다.

- 바닥이 안전한지, 혹은 공간에 모서리 등이 있어 위험하지 않은지 사전에 미리 점검하고 대비합니다.

- 리더는 분위기를 확인하여 지루하거나 너무 힘들지 않은지 계속 점검합니다. 너무 보호가 잘 되어 태그를 당하지 않을 경우 활동의 분위기를 보고 팀에 따라 역할을 바꾸어 하도록 점검해 줍니다. 또한 모든 학생들이 술래를 하고 싶어 합니다. 미리 순서를 선생님이 정해놓거나 평상시 학생들의 관계를 파악하여 적절하게 배치하셔도 좋습니다. 약하거나 놀림을 당하는 경우가 많은 학생을 보물로, 남을 괴롭히거나 놀리는 경우가 많은 학생을 술래로 정하여 시작하면서 디브리핑을 할 때 자연스럽게 이야기를 꺼낼 수 있습니다.

디브리핑

- 보물을 정한 이유를 이야기하라고 하면 학급에서 학생들 간에 형성된 사회적 관계가 그대로 보입니다. 또한 담임교사가 평상시 의식, 무의식적으로 학생을 대하는 모습이 학생들을 통해 보입니다. 보물을

약하고, 친구들의 도움이 필요로 되는 학생을 보물로 선정하는 모습을 보게 되면 평상시 학급에서의 그 학생이 어떤 대접을 받고 있는지 볼 수 있습니다. 공부 잘하고, 운동 잘 하고, 인기가 많은 학생을 보물로 여기거나 감싸주어야 할 대상으로 여기지 않고 상대적으로 약하고, 부족하고, 도움이 필요할 친구들에서 교사도 보지 못하는, 아니면 교사가 학생들에게 보여주고자 했던 그 학생들의 장점을 찾아내는 모습을 볼 수 있기 때문입니다. 그리고 그 친구를 보호하기 위해 땀 흘리며 최선을 다한 학생들(우리 모두들)에게 큰 박수를 보내게 합니다.

• 각각 자신의 역할에 대하여 소감을 들어봅니다. 누군가가 보물이 되고 누군가로부터 보호받고 도움 받는다는 것은 기분 좋은 일입니다. "누군가에 의해 보호받은 적이 있는지, 혹은 작은 일이라도 평소에 남을 도와주거나 보호해 준 경험이 있었는지?"에 대한 이야기를 나누다 보면 많은 이야기가 나올 수 있습니다.

Tip 디브리핑을 위한 질문 예시

1 술래 역할 할 때의 기분, 보호자 역할에 대한 기분, 보물 역할 당시의 기분은 어땠나요?

2 방어자가 과잉 방어를 하여 술래가 아픈 일은 없었나요? 반대로 술래의 의욕이 강하여 방어자가 힘들었던 경우는 없었나요?

3 보물이 되었을 때처럼 누군가로부터 보호받고 도움 받는다는 것은 기분 좋은 일입니다. 술래로부터 터치를 당한 경우, 보물의 기분은 어떠했나

요? 그리고 방어자는 터치 당하도록 보호에 소홀했던 점에 대하여 미안함이 있나요?

4 '고마워', '미안해', '괜찮아'라는 말을 실제로 해주었나요? 또 평상시에 자주 사용하시나요?

5 누군가에 의해 보호받는 느낌에 대해 한 문장으로 말해 봅시다.

6 남을 보호해 주는 기쁨이나 보람을 한 문장으로 말해 봅시다.

7 작은 일이라도 평소에 남을 도와주거나 보호해 준 경험이 있었나요?

한 발 더 들어가기

술래로부터 꼭짓점을 보호하는 태그의 응용 버전이며, 다른 이름으로 삼각 태그로 불립니다.

우선 4명씩 팀을 이룬 후, 팀은 4명 중에서 술래를 1명 정하고, 나머지 3명을 손을 잡고 삼각형을 만듭니다. 삼각형의 3명 중 한 사람이 꼭짓점을 되어 술래가 태그 하고자 하는 목표가 됩니다. 꼭짓점을 제외한 두 사람은 꼭짓점이 술래로부터 태그 되지 않도록 적극적으로 보호합니다.

18

바나나 태그

분위기를 조성하는 모험놀이상담

규칙 지키기: 내면을 채우는 규칙 지키기

바나나 태그 활동은 긴장과 스릴이 넘치는 활동으로,
많은 사람들이 함께 할 수 있는 태그 활동입니다.

- **활동목표:** 서로 돕는 경험, 친밀감과 재미 및 즐거운 분위기 조성이 가능하다.
- **장소:** 실내 및 실외(운동장)
- **준비물:** 경계 설정을 위한 로프
- **적정인원:** 8~30명
- **소요시간:** 10분~15분 내외

바나나 태그 활동은 긴장과 스릴이 넘치는 '얼음땡 놀이'라고 생각하면 이해하기 쉽습니다. 술래의 목표는 모두를 바나나로 만드는 것. 그렇지만 바나나가 된 동료 중에 다시 자유롭게 인간으로 만들어주는 친구들도 있습니다. 술래는 사람들을 모두 바나나로 만들려 하고, 친구들은 자신의 위험을 무릅쓰고, 굳어버린 바나나를 도와 다시 살려 자유롭게 해주는 것이 목표입니다.

이 활동은 체육 수업을 시작하면서 가벼운 몸 풀기로 활용할 수 있습니다. 운동장에서 실시하는 경우 가로 20m, 세로 20m로 설정 후 진행합니다. 살아가면서 서로 도움을 청하기도 하고 도움을 주기도 하는 과정 속에서 서로에게 감사의 기분을 느껴보는 활동입니다.

❶ 술래 1명당 10~15명이 되도록 인원을 구성합니다. 장소는 실내외 어느 곳에서도 가능하며 적당히 뛰어다닐 수 있는 너무 좁거나 넓지 않은 공간에서 하면 좋습니다.

❷ 술래에게 태그당하면 그 사람은 그 자리에서 멈춰 도와달라는 표시로 자신의 몸을 최대한 바나나 모양으로 만들어야 합니다. 손을 맞잡고 머리 위로 팔을 똑바로 뻗은 채로 몸을 옆으로 최대한 구부려 바나나처럼 만듭니다. 즉 '얼어붙은 바나나'가 되는 것입니다.

❸ 두 사람이 바나나가 된 사람의 양옆에 각각 서서 그 사람의 양팔을 각각 잡고 바나나 껍질 벗기듯 양 쪽으로 당겨주면 그 사람은 다시 자유로워집니다.

❹ 껍질을 벗겨주는 사람들은 벗겨주는 동작을 하고 있는 동안에는 술래에게 태그당하지 않습니다. 서로 부딪혀서 다치지 않도록 미리 또 지속적으로 주의를 줍니다. 태그 부위는 팔과 등만 가능하다는 것을 분명하게 이야기 합니다.

촉진노트

• 실내에서 활동 시 반드시 경보로 할 수 있도록 지도해주세요. 또한 활동 공간이 너무 넓으면 움직이는 양이 많아져 술래가 모든 사람을 바나나로 만드는 목표가 거의 불가능해 집니다. 그러므로 공간 조절을

잘해서 경계선을 정해 주세요. 운동장에서도 학년에 따라 경계선 범위를 조절합니다.

- 교사(지도자)는 관찰하다가 바나나로 굳어서 오랫동안 멈춰있는 학생이 있다면, 이 바나나를 도와주라고 간간이 외쳐주세요. 아니면 바나나에게 "도와주세요."라고 외치도록 해주세요. 아이들은 혼자 도망 다니다가도 도와달라는 소리를 들으면 누군가를 돕기 위하여 자신이 터치당할 위험을 무릅쓰고 다가옵니다. 술래는 그걸 기다리다가 터치하기위한 작전을 짜기도 합니다.

- 술래는 서로 하고 싶어 함으로 순서를 정하거나, 인원이 많은 경우 술래 한 명씩 추가합니다.

- 간혹 아이들이 '언제까지 해요?'라고 묻는 경우가 있습니다. 그러면 교사는 '땀 날 때 까지'라고 이야기 합니다. 하나의 활동을 진행하다 보면 끝내야 할 시점은 활동의 재미가 정점에 올랐을 때 바로 그 다음 순간입니다. 너무 지루하게 진행이 되는 경우 산만해지는 경우가 있습니다. 긴장과 집중력이 높은 상태에서 끝내면 다음 활동에 대한 기대감이 더 커지기 때문입니다.

- 상대방을 칠 때 가볍게 등과 어깨만 태그하고 아프거나 기분 나쁘지 않도록 배려하며 치게 합니다. 안전사고가 일어나지 않도록 주위를 잘 살피며 움직이게 합니다. 안전하기 위해서 어떻게 해야 하는지 계속 이야기하면, 학생들도 무의식중에 안전에 신경 쓰면서 서로에 대한 배려를 하게 됩니다.

- 누군가에게 도움을 청하는 일은 우리의 일상에서 흔히 발생하는 일이며 아주 기분 좋고 고마운 일입니다. 이 활동에서는 기꺼이 남을 돕고, 도움을 받으면 고맙다는 말을 건네며 남을 도운 경험과 도움을 받은 경험을 이야기 해보면 좋습니다.

- 좁은 공간임에도 안정적으로 활동을 할 수 있었던 비결을 나누어 보며, 학교가 언제든지 도움을 요청할 수 있는 곳으로 안전하게 느껴지는지 학생들과 자연스럽게 이야기해 봅니다. 안전에 대한 느낌 정도를 엄지로 표시해도 되고 학교가 안전하기 위해서 우리가 무엇을 해야 좋을지에 대해서도 이야기합니다.

- "재밌었나요?, 뛰느라 힘들지는 않았나요?, 어떤 부분이 가장 재미있었나요?"라고 물어봅니다. "아슬아슬한 기분이요!, 바나나 모양을 한 친구를 풀어서 도망가게 돕는다는 거요, 마음껏 운동장을 신나게 뛰는 것이요." 혹은 술래를 해 본 사람은 "바나나로 만들기 위해 정신없이 바쁘게 움직인 거요, 바나나로 만들었는데 금방 풀어줘서 힘들었어요."라고 다양한 대답들이 나올 것입니다. 이어서 이런 질문도 의미 있을 것입니다.

- "친구로부터 도움을 받아 자유를 찾은 사람은 고마움을 어떻게 표시했나요? 표시를 했다면 말로 했나요? 눈빛으로 했나요?", "평소에 도움을 자주 받은 편인가요? 아니면 도움을 주는 편인가요?", "한 번 생각을 해보세요. 최근 들어 남에게 도움 받은 일, 혹은 남을 도와준 일, 그래서 고맙다는 소리를 들어 본 적 있나요?" 많은 수의 학생들이 그

런 경험이 있다고 합니다. 기억이 안날 뿐 없는 학생은 없기 때문입니다.

- 다소 부정적인 질문을 해도 괜찮습니다. "내가 도움을 요청했는데 거부당한 경험이 있나요? 이 활동에서든 아니면 일상생활에서든?" 그리고 그런 마음이 있다면 나 전달법으로 친구에게 전해보는 활동을 해도 좋습니다. 분위기가 형성되었다면 오히려 섭섭한 마음과 미웠던 마음이 자연스럽게 해소되는 모습도 볼 수 있습니다. 그러면서 부정적인 감정이나 태도보다는 '어떤 사정이 있지 않았을까'라는 입장을 바꾸어 생각해보는 마음도 부탁하고, 아니면 당사자에게 "왜 그랬는지" 자신도 남의 도움을 거절하지 않는 아량과 양보의 미덕도 발휘해보자고 요청해 보세요.

디브리핑을 위한 질문 예시

1 술래를 하면서 느끼는 기분은 무엇인가요?

2 술래를 하면서 계속 살아나서 속상한 경험이 있었나요?

3 끝없이 노력했는데 결과가 없었던 경험이 있나요? 무엇이 잘못된 것이었을까요?

4 몇 번을 도와주었나요? 또 몇 번 도움을 받았나요? 그렇다면 도움을 주는 것이 편한가요, 아니면 도움을 받는 것이 편했나요.

5 실생활에서 난 도움을 받는 편인가요, 주는 편인가요

6 가장 긴장된 순간에 나에게 다가와 주었던 사람에게 감사의 인사를 해봅니다. 나는 감사의 표현을 잘 하는 편인지 엄지척으로 나타내 봅니다.

7 안전에 필요한 요소가 무엇인지 이야기 해 봅니다.

바나나 태그. 바나나 말고 다른 과일 모양으로 만들 수는 없을까요? 팔을 하트 모양으로 올려 무릎을 약간 굽히고 몸 전체를 동그란 사과 모양으로 만들어서 해볼 수도 있어요.

바나나 태그, 삼각태그, 꼭짓점 태그는 태그의 3종으로 모두 돕고, 감싸주고, 보호하는 의미의 활동입니다. 체육시간의 경우 세 가지 활동을 연속적으로 할 수 있습니다.

19

그물 태그

분위기를 조성하는 모험놀이상담

협력하기: 함께 협력하기

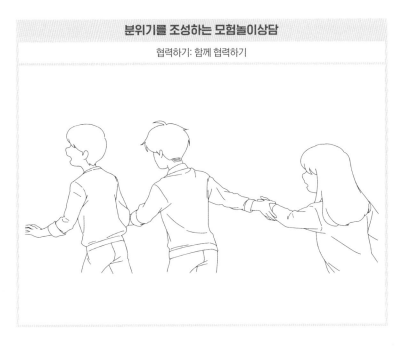

그물 태그 활동은 태그를 하면서 점점 술래를 늘려 나가는 활동입니다. 두 사람으로 시작하여 마지막에는 모든 사람과 손에 손을 잡고 하나가 되어 태그를 하는 활동입니다.

- **활동목표:** 짝과 마음을 합쳐 도망가고 잡는 활동을 통해 협동심을 기를 수 있다.
- **장소:** 실외(운동장)
- **준비물:** 없음
- **적정인원:** 8~30명
- **소요시간:** 10분~20분

그물 태그 활동은 넓은 장소에서 두 사람으로 시작하여 마지막에는 모든 사람과 손에 손을 잡고 하나가 되어 태그를 하는 활동입니다. 2명이 술래가 되어 도망 다니며, 다른 사람들을 태그하여 커다란 하나의 줄로 만드는 활동입니다. 도망을 다니는 사람들은 마치 그물을 빠져나가는 것과 같으며 도망자들이 태그를 당하는 모습이 그물에 걸린 모습을 연상합니다.

진행하기

❶ 활동을 위하여 충분한 공간을 확보하고 경계선을 정합니다.

❷ 활동을 시작하기 위해 술래를 두 사람 정합니다.

❸ 술래는 서로 손을 잡거나 팔짱을 껴도 됩니다. 술래는 양 끝의 한 팔씩만을 이용하여 다른 사람을 터치할 수 있습니다.

❹ 나머지 사람들은 실내에서는 경보로 실외에서는 경계선 안에서 뛸 수 있습니다. 술래를 피해서 도망을 다닙니다. 운동장에서는 10명 당 20×20으로 설정합니다.

❺ 태그 당하거나 경계선 밖으로 나간 사람은 술래들의 끝에 가서 손을 잡고 술래의 역할을 합니다. 즉 점점 그물의 길이가 늘어도 양 끝에 있는 사람만이 자유로운 팔로 터치 할 수 있습니다.

❻ 술래(그물)를 피해 도망 다니는 사람은 술래(그물) 사이를 밑으로도 빠져나갈 수 있으며, 일정 인원이 남거나 모두 터치될 때까지 활동합니다.

❼ 맨 처음 술래는 코끼리 코 3번 돌기 후 시작합니다.

촉진노트

• 활동성이 크므로 상대방을 칠 때 가볍게 등과 어깨만 태그하고 아프거나 기분 나쁘지 않도록 터치해야 합니다. 안전사고가 일어나지 않도록 교사는 주위를 잘 살피며 아이들을 움직이게 합니다. 안전하기 위해서 계속 안전을 강조한다면, 학생들도 무의식중에 안전에 신경 쓰면서 활동을 하게 됩니다.

• 그물은 다른 사람들을 태그하기 위하여 서로 손을 잡고 있어야 하며, 손이 끊어지면 안 됩니다. 각자의 발걸음의 크기며 움직임의 크기가

다르다 보니 함께 손을 자주 끊어지게 됩니다.

- 경계는 이동 가능한 것을 사용합니다. 술래의 줄이 점점 길어질 때는 뒤쪽으로 조심스럽게 뒤로 옮깁니다. 그럼 자연스레 놀이 영역을 넓혀 나갈 수 있습니다. 또한 나무들 사이의 간격을 살펴보면서 확장 및 축소를 할 수 있습니다.

디브리핑

- 남자, 여자 학생들이 손을 안 잡을까 걱정이 될 수 있습니다. 비교적 저학년 아이들의 경우 큰 문제는 없으나, 고학년의 경우 고민이 될 수 있으니 처음엔 동성끼리 활동을 하도록 합니다. 활동이 진행될수록 손잡는 행위에 대해 잊어버리고 자연스럽게 활동에 집중하는 모습을 볼 수 있게 됩니다.
- 술래의 경우, 혼자 하는 것과 2명이서 술래를 하는 것 중 어느 것이 좋은지 물어봅니다. 사실 장단점이 있습니다. 그러나 보통 둘이서 하는 것이 좋았다고 이야기를 합니다. 혼자서 하는 일의 좋은 점, 함께 해서 좋은 점에 대하여 이야기를 나누어볼 수 있습니다.
- 학급 활동에서 협의를 하면 좋은 점에 대하여 이야기 나눌 수 있습니다. 활동을 하다보면 자연스레 줄이 길어지고, 줄이 길어질수록 방향을 잡기가 어려워집니다. 그러나 협의 시간을 주어지면 안전하게 활동할 수 있는 규칙들을 찾아가는 모습을 보게 됩니다.
- 목표물을 향해서 한 방향으로 나가는 것, 이를 선택과 집중이란 말로

정리할 수 있습니다. 우리에게 주어진 시간에 무엇을 선택하고 집중해야 할지 새해의, 2학기의 다짐에 대해 이야기를 나누어 볼 수도 있습니다.

1 활동하면서 가장 어려웠던 점은 무엇인가요?

2 태그 했을 때와 태그 당했을 때의 기분은 어떠했나요?

3 좀 더 빨리 방향전환을 할 수 있는 방법에는 어떤 것들이 있을까요?

4 친구의 도움이 어떨 때 필요함을 느끼나요?

5 선택과 집중에 따른 효과적인 일이 무엇이 있을까요?

6 술래 수가 늘어나면서 사용된 전략이 있었나요? 그렇다면 어떤 전략인가요?

한 발 더 들어가기

활동 공간이 넓거나 사람이 많은 경우 그물 태그에서 활용한 어금니태그(상아태그)로 변형할 수 있습니다. 활동 방법은 다음과 같습니다.

❶ 짝을 지어 술래 팀 한 팀을 정합니다.

❷ 팀의 양 끝 손에 응원봉(또는 긴 인형)을 줍니다.

❸ 응원봉으로 태그를 당하면 그 팀은 각자 술래 팀의 양 끝에 손을 잡

고, 응원봉을 전달받습니다.

❹ 짝꿍과 잡은 손이 끊어지면 술래 팀이 되고, 술래 팀도 손이 끊어진
상태에서 다른 팀을 태그하면 그 태그는 무효가 됩니다.

20

쥐라기 공원

협력하기: 함께 협력하기

쥐라기 공원 활동은 공룡 역할을 한 술래에게 잡히면
그 자리에 서서 팔 벌린 나무가 되는 술래잡기 놀이입니다.

- **활동목표:** 쫓고 쫓기며 즐겁게 놀기
- **장소:** 실내(교실) 또는 실외(운동장)
- **준비물:** 경계 표시줄
- **적정인원:** 10~30명
- **소요시간:** 10분~20분

쥐라기 공원 활동은 분위기를 조성하는 활동으로 넓은 운동장이나 공간을 마음껏 뛰어다니면서 신나게 달려보는 활동입니다. 이 활동을 통하여 학생들은 처음에 느끼는 어색하고 서먹한 감정을 없앨 수 있습니다. 이때 술래를 공룡이라 부르고 넓은 운동장은 쥐라기 공원으로 비유하면서 활동의 긴장감을 높여볼 수 있습니다.

다음과 같이 시작해도 좋습니다. 지금 여기를 공룡이 돌아다니는 쥐라기 공원으로 만들어 봅니다. 우리는 공룡을 보러 온 관광객입니다. 그런데 공원의 관리 소홀로 우리가 공룡의 공격을 받게 되는 상황에 놓이게 됩니다. 그럼 각자 나무, 공룡, 관광객이 되는 쥐라기 공원 활동을 시작해 봅시다.

❶ 활동 공간 양쪽 끝에 직선으로(로프나 테이프 이용) 안전지대를 표시합니다. 은신처라고 표현해도 좋습니다.

❷ 모든 학생들을 한 쪽 안전지대 안으로만 모여야 합니다. 참여 학생 수가 많은 경우는 경계 설정을 고려하거나 공룡 수를 늘릴 수 있습니다. 초등 저학년의 경우에는 공룡 가면을 쓰고 활동하는 것도 좋아합니다.

❸ 학생들 중 공룡 역할을 할 술래를 한 명 뽑습니다. 이 활동도 인원수

가 많으면 공룡의 수를 늘일 수 있습니다. 아니면 공간을 좁게 하는 방법도 있습니다.

❹ 술래에게 공룡 흉내를 내 보게 합니다. 동작과 소리를 통해 무서운 공룡이 활동을 더 재미있게 만든다는 점을 강조하면서 술래가 그럴 싸한 공룡처럼 보일 수 있게 격려합니다.

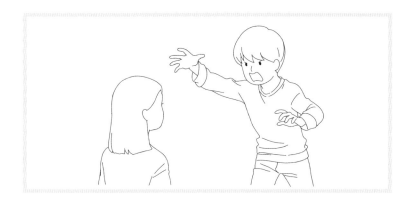

❺ 교사는 경계선 밖에서 "하나 둘 셋"을 외치는 동안, 참가자들은 10초 안에 모두 반대쪽 안전지대로 건너가야 합니다. 건너가는 학생들을 술래가 칩니다.

❻ 이때 술래의 터치를 당한 사람은 그 자리에 서서 팔을 벌리고 나무가 됩니다. 나무가 된 사람은 상체만 움직일 수 있으며 지나가는 다른 사람들을 칠 수 있습니다. 나무한테 터치를 당해도 나무가 됩니다. 나무한테 태그를 당해 함께 나무가 되어 거대한 숲을 이루는 장면을 만들어보게 합니다. 흔들리는 나무들, 발은 땅에 딛고 떼지 않으면서 자유롭게 몸과 팔을 움직여보게 합니다.

❼ 최종 학생(생존자) 한 명이 남을 때까지 이 과정을 반복합니다.

촉진노트

- 나무가 되어 서 있는 학생들에게 비바람이 불 때 나무의 흔들리는 모습을 흉내 내보라고 합니다. 그리고 지나가는 관광객을 적극적으로 태그하라고 이야기합니다.
- 모험놀이 활동은 비경쟁, 협동 놀이입니다. 맨 처음 시작은 공룡이 도망가는 관람객을 태그하여 나무로 만들어 결국은 모두 나무가 되어 쥐라기 공원이 되는 것입니다. 넓은 공간에서 자유롭게 뛰어 다니다가 사고가 일어나지 않도록 주위를 잘 살피며 움직이게 하는 것이 가장 중요한 요소입니다. 상호 배려와 안전, 그리고 보호가 반드시 확보되어야 합니다.
- 친구를 칠 때 아프거나 기분 나쁘지 않도록 배려하며 치게 합니다. 태그활동은 친밀감을 형성하고 마음을 열어주는 활동입니다. 몸이 열리면 마음이 함께 열립니다. 활동 동한의 자연스러운 신체 접촉은 친밀감을 고취 시키고 즐거움과 재미를 부여하도록 합니다.

디브리핑

- 재미와 놀이는 사소한 것, 가치가 낮은 것이 아닙니다. 즐거움을 교육

과 별개가 아닙니다. 재미와 즐거움은 경험에 있어 중심이 되는 가치이며 배움이 일어나는 장소이고 집중할 수 있는 장면이 됩니다. 즐거움은 이 자체로 목적이 될 수 있으며 교육현장에서 강력한 무기로 작동이 됩니다.

- 쥐라기 공원 활동은 운동량이 많은 활동이므로 마음껏 신나게 달렸는지, 어떻게 요리조리 피해 다녔는지 편하게 소감나누기를 하면 됩니다. 이 활동은 그물 태그와 연결하여 연속으로 활동한 후 디브리핑합니다.

- 소감나누기 질문은 구체적이어야 합니다. 특히 저학년이거나 표현력이 부족한 경우가 그렇습니다. 아래에 있는 질문의 형태를 참고하여 활동 후 소감을 이야기해보면 됩니다. 나무가 되었을 때 적극적으로 표현한 학생이 있으면 어떤 나무를 표현하고 싶었는지도 소감을 나누어봅니다.

Tip 디브리핑을 위한 질문 예시

1 (최종 생존자에게) 쥐라기 공원에서 끝까지 살아남은 비법은 뭘까요? 나는 일상생활에서도 어려움을 잘 피해 다니는 편인가요?

2 공룡, 나무, 관광객 역할을 해 보니 기분이 어떤가요?

3 마지막 생존자가 나무를 관광객으로 다시 살려주는 방법은 없을까요?

4 활동을 하고 난 느낌은 어떤가요?

5 공룡, 나무, 관광객 대신 다른 비유를 한다면 무엇이 있을까요?

최종 생존자 한 명이 남았을 때 여기에서 활동을 끝낼 수도 있지만 생존자 한 명이 나무가 된 관광객을 다시 관광객으로 살려내는 활동으로 확장해 볼 수 있습니다. 부활시키는 방법은 인형을 던져 받는 경우 살아나는 방법도 있습니다.

21

당신은 이웃을 사랑하십니까?

분위기를 조성하는 모험놀이상담

진실하기: 서로 마음을 열고 진실로 다가가기

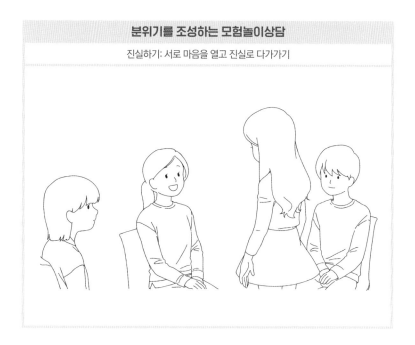

'당신은 이웃을 사랑하십니까?' 활동은 모든 학생이
동그랗게 둘러앉아 사랑하는 것을 말하면,
해당되는 학생이 자리를 이동하며 활동을 이어나가는 놀이입니다.

- **활동목표**: 자신의 생각을 개방하면서 새로운 관점 받아들이기
- **장소**: 실내(교실)
- **준비물**: 의자(인원 수 만큼)
- **적정인원**: 10~30명
- **소요시간**: 10분~30분

아이들은 자신과 공통점이 있거나 비슷한 취미를 가진 친구들과 쉽게 친해지게 됩니다. 또한 자신이 좋아하는 말과 행동을 하는 사람을 보면 호감을 느끼는 경우가 있습니다. 반면 하루에 한 번도 말을 하지 않거나 보이는 겉모습만으로 다른 학생을 평가하는 일도 많습니다.

학생들은 학급에서 많은 시간을 함께 공부하고 생활합니다. 생각의 차이나 행동의 차이가 생기는 것이 당연함에도 가끔은 그런 생각과 행동의 차이가 다툼이 되고 친구들 간의 오해가 되고 차별이 생기게 됩니다. 자신의 생각을 개방하면서 서로 다른 생각과 행동은 자연스러운 것이며 이런 것들을 받아들이고 수용함이 우리의 생각을 더욱 깊고 풍부하게 해주는 계기가 된다는 것을 느껴보는 활동입니다.

진행하기

❶ 술래 한 명은 가운데 서고, 모두가 동그랗게 모여 앉습니다. 의자가 있다면 의자에 앉는 것이 더 좋습니다.

❷ 술래가 아무나 한명을 보며 '당신은 당신의 이웃을 사랑하십니까?'라고 묻습니다.

❸ 질문을 받은 사람이 '아니요'라고 답하면 질문을 받은 사람 좌우에 앉은 사람이 서로 자리를 바꾸어 앉습니다. 이때 술래는 다른 자리로 가서 다른 사람에게 질문을 시작합니다.

❹ 질문을 받은 사람이 '네'라고 답하면, 술래가 '그럼 어떤 사람을 사랑 하십니까?'라고 묻습니다.

❺ 질문을 받은 사람이 '반바지를 입은 사람을 사랑합니다.' '잘 웃는 사 람을 사랑합니다.', '마음이 다정한 사람을 사랑합니다.'와 같이 답하 면 해당 되는 사람은 모두 일어나 다른 사람의 자리에 앉습니다. 이 때 술래도 빈자리에 재빨리 앉아야 하며, 자리에 앉지 못한 사람이 술래가 됩니다.

촉진노트

• 처음은 선생님이 먼저 중앙에 서서 시작을 합니다. 또한 시작하기 전 에 안전하게 걸으면서 이동하는 연습을 선생님이 먼저 몸으로 보여 줍니다.

- '해본 적이 있나요?' 활동처럼 처음에는 부담 없이 움직일 수 있는 답을 준비합니다. 선생님께서 먼저 시작을 해야 하니까요. 선생님이 처음 답을 말할 때 "나는 인사를 잘 하는 이웃을 사랑합니다."라는 고백을 하신다면, 그 다음 술래가 되는 아이들에게서는 대체로 가볍고 웃음이 나는 고백을 들을 수 있습니다. 분위기가 한층 고조되었을 때 혹은 선생님이 의도적으로 다시 술래가 됐을 때, "나는 정의로운 마음을 가진 이웃을 사랑합니다." 혹은 "나는 어려움에 놓여있는 친구들 도와주는 이웃을 사랑합니다." 등의 답안을 준비해 두었다가 이야기 할 수 있습니다. 이때 움직이는 아이들을 보면서 디브리핑 때 나눌 이야기 주제를 선정할 수 있게 됩니다.

디브리핑

- 이 활동은 '당신은 해본 적이 있나요?' 활동과 비슷하다고 느낄 수 있으나 좀 더 한 주제에 대하여 집중해서 이야기를 나눌 수 있는 활동입니다. 추상적인 가치에 대하여 학급현장에서 구체적으로 생각해 볼 수 있기 때문입니다.
- "정의로운 이웃을 사랑합니다." 혹은 "어려운 친구를 도와주는 이웃을 사랑합니다."라는 답이 나왔을 때 모두 함께 이야기를 나눌 수 있는 중요한 주제가 됩니다.
- 디브리핑을 하면서 해결 방법에 대한 이야기를 나누면 학생들이 그들의 경험 속에서 나온 의견을 제시합니다. 그러면 자연스레 우리 사

회가 어떤 방향으로 가야하는지, 우리 학생들에게 어떤 환경을 제시해야 하는지 서로 이야기를 나눌 수 있는 활동까지 연결될 수 있습니다.

Tip 디브리핑을 위한 질문 예시

1 어떤 대답이 가장 기억에 남나요? 왜 그런가요?

2 생각이 같았음에도 움직이지 않은 적이 있나요?

3 내 자신의 생각과 다름에도 따라야 하는 경우가 있다면 어떻게 해야 할까요?

4 또 나누고 싶은 이야기가 있다면 어떤 것이 있을까요.

5 나는 좋은 이웃, 좋은 친구일까요? 10점 만점에 나를 점수로 표현해보고 이유도 함께 이야기해요.

한 발 더 들어가기

활동이 어느 정도 진행된 후 끼어 넣을 수 있는 몇 가지 규칙은 다음과 같습니다.

❶ 아무도 바로 옆의 자리로는 이동할 수 없다. 즉 모든 사람이 가운데를 통과하여 적어도 한 자리 이상 건너뛰어야 합니다.

❷ 모두 다 자리를 이동하게 하는 대답은 술래가 묻는 질문에 대하여 "오늘은 이삿날입니다."라고 앉아있는 학생이 대답하면 의자에 앉아있는 모든 학생들은 자리를 이동해야 합니다.

22

진실 쌓기

협력하기: 함께 협력하기

'진실 쌓기' 활동은 서로 경험을 나누면서 자리를 옮겨 앉는 모험놀이입니다.
참가자들이 의자를 하나씩 가지고 둥글게 둘러앉은 뒤
자신이 경험했던 일들을 솔직하게 이야기해보는 활동입니다.

- **활동목표:** 각자의 경험을 공유하며 서로에 대해 알아가고 친밀해지기
- **장소:** 실내(교실) 또는 실외(운동장)
- **준비물:** 의자(인원 수 만큼)
- **적정인원:** 10~30명
- **소요시간:** 10분~30분

'진실 쌓기' 활동은 진실할 때만 한 층 한 층 쌓여져 가는 진실의 탑입니다. 진실은 꼭 위대하거나 항상 아름답지 않습니다. 도전하는 삶이 아름다운 이유는 성공을 했기에 아름다운 것이 아니라 실패와 좌절 속에서 일어섰기 때문에 아름다운 것이며, 가장 불행한 삶은 실패와 좌절의 두려움 속에서 도전하지 않는 삶입니다.

학교생활에서 갖게 되는 수많은 어려움을 우리는 빛나는 도전으로 받아들여 열정과 의지로 다시 새로운 성공의 탑을 쌓아갈 것입니다. 하나하나 쌓아 올라가는 성공의 기쁨은 어느새 자신감 있고 당당한 나를 만들어가는 내 인생의 파일이 될 수 있습니다.

❶ '~를 해본 적이 있나요?'를 응용한 활동입니다. 참가자들에게 의자를 하나씩 가지고 둥글게 앉게 한 뒤 1부터 끝까지 순서대로 번호를 정합니다.

❷ 1번부터 한 사람씩 돌아가면서 자기가 했던 경험을 해본 사람이 있는지 질문합니다.

"~을 해본 적 있나요?" 같은 방식으로 자신의 경험(반드시 진실만)을 이야기합니다. 자기가 했던 경험, 도전, 실패와 좌절 그리고 성공에 대한 크고 작은 경험을 큰 소리로 외칩니다.

❸ 질문에 해당되는 사람은 오른쪽으로 한 칸씩 이동합니다. 옮겨간 자리에 누군가 앉아있으면 그 사람 무릎 위에 앉습니다. 같은 경험이 없거나 대답이 '아니요'인 사람은 그 자리에 그대로 앉아 움직이지 않습니다.

❹ 활동이 진행되는 중간 중간에 촉진자는 비어 있는 의자를 한두 개씩 뺍니다. 의자가 서너 개 남을 때까지 진행합니다.
❺ 순서대로 질문한 뒤에는 다시 순서대로 질문을 이어가거나 질문하고 싶은 사람에게 질문의 기회를 주면서 활동을 이어갑니다. 술래는 따로 정하지 않고 번호대로 돌아가면서 이야기하며, 원을 안전하게 돌아서 출발점인 자신의 자리에 까지 돌아오면 활동이 마무리됩니다.

- 먼저 '당신은 당신의 이웃을 사랑하십니까?' 활동으로 어느 정도 친숙한 분위기를 조성한 후에 좀 더 놀이의 변화를 주는 차원에서 하면 좋습니다. 솔직하게 자신의 경험을 나눌 수 있는 분위기여야 이 활동이 제대로 이루어질 수 있으므로 교사가 먼저 시범을 보이고 너무 흥미와 장난스러운 분위기가 되지 않도록 합니다. 물론 활동이 진행되면 처음에는 어수선하고 소리가 크게 날 수 있습니다. 그러나 활동이 진행될수록 웃음소리와 질문에 귀 기울이며 움직이는 소리가 더 크게 들립니다.

- 촉진자나 참가자 중 누군가가 질문한 사람이나 움직인 사람의 경험에 대해 더 구체적으로 물어보고 답을 들으며 이야기 나누는 시간을 중간 중간 가지면서 활동을 진행할 수 있습니다. 모두 한 바퀴 돌고 난 후 한꺼번에 이야기를 나눌 것인지, 아니면 중간에 이야기를 나누는 것이 좋을 것인지는 분위기와 대상에 따라 교사가 선택하면 됩니다.

- 성공이든 실패든 그 결과가 중요한 것이 아니라 과정에서 무엇을 어떻게 느끼고 받아 들였는지가 중요하므로 실패의 경험 속에서 새로운 자극을 받을 수 있도록 격려와 지지를 보냅니다.

- '~을 해본 적이 있나요?' 활동과 다른 점은, 같은 경험을 해서 자리를 이동하게 되는 경우 불편한 상황이 만들어진다는 것입니다.

  활동이 진행하면서 가장 우스운 장면은 대답이 '예스'인 경우 옆으로 옮기게 되는데 이미 앉아있는 사람의 무릎 위에 앉는 불편함이 생길 수도 있습니다. 엉거주춤한 상태에서 경험을 공유한다는 것은 불편하기도 하지만 2층, 3층 쌓여가는 모습들이 우스꽝스러워 웃게 되는 활동입니다. 5층, 6층이 될 때 오히려 학생들은 같은 경험을 가지고 있다는 것을 더 좋아합니다. 불편함을 감수하면서까지 즐겁게 움직이는 것! 재밌으면 어떤 불편함도 감수할 수 있다는 것을 보여주는 것이지요.

  이 어색하면서 우스꽝스러운 분위기가 학생들에겐 마음 열기에 좋은 환경이 됩니다. 성별이 섞여 있는 경우 무릎에 앉는 것이 불편할 수 있습니다. 이럴 때는 어떻게 앉는 것이 좋냐고 물어보면 나름 해결책을 제시합니다. 교사의 생각보다 학생들은 덜 불편해하면서 방석을 갖다 앉거나 엉거주춤 엉덩이 자세로 나름 옮겨 앉게 됩니다.

- 이야기를 나누다 보면 친구들이 살아가는 모습도 '다 비슷비슷하구나'를 느끼게 됩니다. 나만의 경험이나 고민이 아님을 아는 과정에서 위로를 받을 수 있게 되는 것이며 이렇게 깊어진 서로의 마음은 이전의 마음과 달라지고 그래서 서로에게 다가가기 쉬운 마음 열기가 됩니다. 서로 부끄러운 이야기를 꺼내 놓을 때 망설이지 않아도 되는 진실 쌓기입니다.

1 층층이 앉아서 불편한 자세로 활동을 하고 난 느낌은 어떤가요?

2 활동이 불편했다면 어떤 점이 불편했나요? 어떻게 고쳤으면 좋겠는지 의견을 제시할 수 있나요?

3 이제까지 불편함을 감수하고 했던 여러 활동 중에서 성공한 경험이 있나요? 있다면 소개해 주세요.

4 함께 좀 더 이야기하고 싶은 내용이 있나요?

5 활동하면서 고치거나 개선할 점이 있다면 무엇이 있을까요?

6 도전을 어려워한다면 그 이유는 무엇인지 이야기해 보세요.

7 움직인 경험이 가장 많은 친구가 누구인가요? 움직이면서 무엇을 느꼈는지 이야기해 주세요.

한 발 더 들어가기

❶ '~를 해본 적이 있나요?'를 응용한 활동입니다. 원으로 둘러서서 가운데 발판을 놓고 술래가 그 위에 올라가 자기 경험을 말하면, 같은 경험을 해 본 사람은 가운데 술래가 서 있던 '진실의 자리'를 밟고 자기가 있던 자리 말고 다른 자리로 갑니다. 이때 술래는 사람들이 이동하면서 생기는 빈자리로 재빨리 가서 자리를 차지합니다.

❷ 대상에 따라서는 소감 발표를 어려워할 수 있습니다. 이런 경우는 활동지를 나누어 준 후 써보게 합니다. 그리고 돌아가면서 발표하는 것도 좋은 방법입니다. (아래 활동지 참고)

활동 과정을 되짚어 보는 질문입니다.
마음의 부담 없이 답해보기를 바랍니다.

생각해 볼 질문	나의 생각
내 인생 최고의 도전이 있었다면?	
최고의 성공은 무엇이, 성공의 비결은 무엇인가?	
최고의 실패는 무엇이며, 왜 실패했을까?	
올 해 학급에서 함께하고 싶은 성공이 있다면?	
함께 활동한 친구들에게 주고 싶은 응원의 메시지는?	
나에게 해주고 싶은 응원의 메시지는?	

23

장막을 걷고 까꿍!

분위기를 조성하는 모험놀이상담

친해지기: 친구와 친해지기

가운데 샤워커튼(이불 모양의 천)의 양 끝을 두 사람이 각각 잡고 있으며,
4명 씩 모여 앉아 4명 중 1명이 커튼 바로 앞에 얼굴을 대고 있습니다.

두 사람이 마주앉아 얼굴을 매우 가까이 대고
커튼이 걷히는 순간 재빨리 서로의 이름을 맞춥니다.

서로의 이름을 알아 가는 것은 누군가와 함께 살아가는 세상에서
처음에 하는 일입니다. 아이들에게 서로의 이름을 익히게 하는
첫 활동이 재미있다면 이후의 활동도 재미있어지지 않을까요?

- **활동목표:** 커튼을 마주한 상대편 이름 먼저 맞추기
- **장소:** 교실 또는 운동장
- **준비물:** 커다란 커튼 또는 천
- **적정인원:** 8~24명
- **소요시간:** 10분~20분

시작에 앞서

두 편으로 나뉜 후 한 명씩 나와 서로의 이름을 맞추어 자신의 팀으로
만든다면 누가 이긴 팀이 되고, 누가 진 팀이 될까요? 커튼을 사이에 두
고 서로 재미있는 이름 맞추기 놀이를 시작해 보겠습니다.

진행하기

낮은 단계 : 가깝게 마주보고 이름 맞추기

❶ 참가자를 2팀으로 나누고, 심판 역할을 함께 수행할 2명의 보조자가
가운데서 커튼의 양쪽 끝을 잡고 섭니다.

❷ 커튼을 경계로 2팀이 2~3m 떨어져 상대편에서 보이지 않게 모여

앉습니다. 각 팀은 협의를 통해 한 사람씩 커튼 앞에 최대한 가까이 다가앉도록 합니다. 이때 서로 커튼에 코가 닿을 정도로 가까이 앉게 합니다.

❸ 커튼을 들고 있는 보조자나 촉진자가 "하나, 둘, 셋" 구령을 외치고, 보조자가 동시에 커튼을 내리면 앞으로 다가 앉은 사람은 상대방의 이름을 빨리 부릅니다. 이때 먼저 맞춘 사람이 이기게 되며, 진 사람은 이긴 팀으로 건너가 한 팀이 됩니다.

❹ 같은 방법으로 여러 번 반복 실시하여 모든 참가자가 한 팀이 될 때까지 실시합니다.

높은 단계 : 서로 등을 대고 앉아 이름 맞추기

❶ 각 팀은 협의를 통해 한 사람씩 나와 커튼을 사이에 두고 뒤돌아 앉습니다.

❷ "하나, 둘, 셋" 구령과 함께 커튼이 내려지면 남은 팀원은 상대팀에 나온 사람이 누구인지 손짓, 발짓으로 설명합니다. 같은 팀원들의 행동을 보고 먼저 상대의 이름을 외쳐 맞추는 사람이 이기게 됩니다. 이후는 낮은 단계와 같습니다.

촉진노트

• 대표로 나온 상대의 이름을 외칠 때 성과 함께 부를 것인지, 이름만 부를 것인지 사전에 규칙을 정합니다. 규칙은 단순하며 명확한 것이

좋습니다. 참가자들이 서로 잘 아는 사이인 경우, 이름 대신 별칭이나 장래희망, 좋아하는 음식 등을 맞추도록 할 수도 있습니다. 이 경우 사전에 별칭이나 장래희망, 좋아하는 음식 이름을 정하는 시간을 가지고, 참가자들이 어느 정도 익히게 한 후 활동하면 됩니다.

• 커튼 앞에 앉은 참가자의 코가 커튼에 닿을 정도의 거리가 되도록 유도하는 것은 활동에 재미를 더합니다. 정면에서 갑자기 상대편의 얼굴이 매우 가깝게 나타날 경우 당황하여 웃음을 자아내기 때문입니다.

• 어떤 활동이든 마찬가지겠지만 이 활동 역시 많은 참가자들이 고르게 참여하는 것이 바람직할 것입니다. 이를 위해 사전에 모든 참가자가 한 번씩 참여한 후에 다시 참여하여야 한다고 안내합니다. 다만 활동이 여러 차례 진행되면, 남는 사람이 소수가 되어 짐작으로 상대의 이름을 댈 수 있기에 적당한 시기에 모두 참여의 규칙을 바꿀 필요가 생기기도 합니다.

• 높은 단계를 진행할 때 참지 못하고 말을 하는 참가자가 있을 수 있습니다. 이때에는 규칙을 추가하여 말을 하는 경우 승부에서 진 것으로 판단하면 됩니다. 이러한 규칙의 추가는 참가자들이 더 활발하게 손짓과 발짓을 하도록 만듭니다.

• 마지막으로 양 팀 커튼 사이로 사람이 빠져나오지 않게 조밀하게 앉도록 유도합니다. 커튼 주위로 참가자의 모습이 보이는 경우 대개 앞으로 나온 상대가 누구인지 보다 빨리 알아차리게 됩니다.

- 각 팀의 대표가 되어 앞으로 나서는 사람은 대개 먼저 나서는 사람과 나중에 나서는 사람, 주저함 나서는 사람 등 여러 형태가 있습니다. 참가자들에게 평소 새로운 일을 만났을 때 어떻게 행동하는 것이 편안한지 물어볼 수 있습니다. 그리고 왜 그렇게 행동하는 것이 편안한지 물어보세요. 그 결과가 유익한 경우든 아니든 그러한 행동 방식이 계속 유지되고 있는 것도 좋은 이야기 꺼리가 됩니다.

- 참가자들에게 소통 방식에 따른 어려움이나 느낌을 알게 하고 싶다면 행동으로 설명하는 경우와 말로 설명하는 경우의 차이점에 대해 물어보세요. 말을 하지 못하는 제약에 어떤 어려움이 있는지 느끼게 만들 것입니다.

Tip 디브리핑을 위한 질문 예시

1 팀의 대표로 나와 커튼 앞에 앉았을 때의 느낌은 어땠나요?

2 커튼이 내려갔을 때 빠르게 대답할 수 있었던 노하우는 무엇인가요?

3 지금 당신은 이긴 팀인가요? 진 팀인가요?

4 높은 단계에서 상대팀의 대표를 설명할 때 가장 어려웠던 점은 무엇인가요? 먼저 상대방의 이름을 알아챌 수 있도록 설명해 준 참가자의 손짓과 발짓은 무엇이었나요?

5 커튼 앞에서 커튼이 내려지기 직전의 느낌은 어땠나요?

6 높은 단계에서 말이 아닌 행동으로 의사소통을 해 보았습니다. 말로 의사소통할 때와의 차이점에는 어떤 것이 있을까요?

한 번에 두 명 이상이 대표로 나오기

❶ 인원이 많으면 커튼의 크기가 커져야 합니다. 그리고 참여자들이 한 명씩만 나온다면 활동의 진행 시간이 현저히 오래 걸릴 것입니다.

❷ 한 번에 두 명 이상이 나온다면 보다 많은 참가자들이 활동을 경험할 수 있을 것입니다.

24

불멸의 신

분위기를 조성하는 모험놀이상담

친해지기: 친구와 친해지기

- **병아리:** 쭈그리고 뒤뚱뒤뚱 걸으며 두 손은 부리 모양으로 입에 대고 있음. 소리는 삐약삐약

- **닭:** 무릎은 90도, 허리는 숙이고 손을 펼친 한 손은 벼슬처럼 머리 위에 대고 있음. 소리는 꼬끼요 또는 꼬꼬댁

- **공룡:** 허리를 약간만 구부린 자세에서 두 손을 치켜들고 양 손은 주먹을 쥔 채 검지와 중지 손가락만 구부려 공룡의 앞발톱처럼 흉내 냄. 소리는 어흥

- **불멸의 신:** 신들의 영역. 팔짱을 끼고 짝다리를 하고 아래 세상을 재미난 듯 쳐다보고 있음

어려서는 다른 이의 도움이 필요합니다. 조금 크면 이곳저곳에 관심을 가지게 되지요. 그러다가 힘이 세지고 능력도 갖추게 되고, 마침내는 원하는 것을 할 수 있는 나이가 됩니다. 이것을 연약한 병아리와 이리저리 바쁘게 돌아다니는 닭, 힘센 공룡, 불가능을 모르는 불멸의 신으로 비유하여 성장의 과정을 함께 헤쳐나가는 활동을 함께 해볼까요.

- **활동목표:** 가위바위보 게임을 통해 이기면 병아리에서 닭, 공룡을 거쳐 불멸의 신이 되어 보기
- **장소:** 교실 또는 운동장
- **준비물:** 경계선
- **적정인원:** 8~30명 이상
- **소요시간:** 20분~30분

시작에 앞서

성장과 좌절은 멀리 있는 것일까요? 가깝게 작고 사소한 놀이에도 있으며, 우리의 일상에 언제나 존재하는 것입니다. 모두가 병아리, 닭, 공룡, 불멸의 신이라는 성장의 단계를 가위바위보로 밟아 나가는 활동에 참여해 봅시다.

성공과 좌절의 과정

❶ 병아리, 닭, 공룡, 불멸의 신에 대한 상징적인 몸짓과 소리를 알려줍
니다. 참가자들과 함께 정해도 됩니다.

〈병아리〉

- **병아리**: 쭈그리고 앉아 뒤뚱뒤뚱 걸으며 두 손은 부리 모양으로 입
  에 대고 있으며, '삐약삐약' 소리를 냅니다.
- **닭**: 무릎은 90도 굽히고 허리는 숙이며, 한 손은 닭의 벼슬처럼 머
  리 위에 대고, 한 손은 닭의 꼬리처럼 엉덩이에 대고, '꼬끼요' 또는
  '꼬꼬댁' 소리를 냅니다.

〈공룡〉

- **공룡**: 허리를 약간만 구부린 자세에서 두 손을 치켜들고, 양 손은 주먹을 쥔 상태에서 검지와 중지 손가락만 살짝 펴서 공룡의 앞발톱 모양을 만들고, '어흥' 또는 '크왕' 소리를 냅니다.
- **불멸의 신**: 신들의 영역으로 이동하여 팔짱을 끼고, 짝다리를 하고 서는 아래 세상을 재미난 듯 쳐다보고 있습니다.

❷ 모두가 병아리에서 출발하는데, 시작 신호와 함께 이동하다 정면으로 만나는 같은 병아리와 가위바위보를 실시하여 이기면 닭이 되고, 지면 그대로 병아리로 남습니다.

❸ 같은 닭끼리 만나 가위바위보를 하여 이기면 공룡이 되고, 지면 한 단계 아래인 병아리가 됩니다.

❹ 같은 공룡끼리 가위바위보를 하여 이기면 최종 단계인 영원히 죽지 않는 불멸의 신이 되어 경계선 밖 신들의 영역에서 신의 자세로 편안하게 서 있고, 만약 지면 다시 닭으로 내려갑니다.

❺ 마지막으로 병아리, 닭, 공룡의 세 명이 결정 될 때까지 진행합니다.

격려의 과정

❶ 마지막으로 결정된 병아리, 닭, 공룡을 앞에 세워두고 불멸의 신들에게 아래 세상에 남은 세 동물들에게 격려의 말을 해 달라고 요청합니다.

❷ 불멸의 신들의 격려가 끝나면, 세 동물들에게 불멸의 신들의 격려에 대한 평가를 부탁합니다. 이때 100점 만점에 점수를 부여해 보도록 요청할 수도 있습니다.

❸ 이어서 불멸의 신들에게 말로 하는 격려가 아닌 아래 세상에 내려와서 직접 동성끼리는 포옹을 하고 이성끼리는 악수를 하며, 귓속말로 격려의 말을 해 달라고 요청합니다.

❹ 격려의 말을 끝낸 불멸의 신들과 남아 있던 세 동물들 모두가 동그랗게 원을 그리고 앉도록 합니다.

❺ 두 번째 격려가 모두 끝나면 세 동물들에게 다시금 평가를 부탁합니다.

촉진노트

• 모든 활동에 앞서 분위기는 중요합니다. 구성원들이 어느 정도 친숙한 분위기일 때 자연스럽고 보다 재미있는 활동이 가능합니다. 불멸의 신 활동은 동작이 다소 유치하게 느껴지기도 합니다. 따라서 집단

의 분위기가 어느 정도 무르익은 상태에서 실시하는 것이 좋습니다. 만약 집단의 분위기가 무르익지 않은 상태라면 성공과 좌절의 과정까지만 실시해도 됩니다. 활동 도중 가끔은 너무 기분이 좋거나 너무 지기만 하여 하소연하는 학생들도 더러 있기 때문입니다.

- 활동을 하다 보면 가위바위보 횟수가 많은 사람과 거의 없는 사람을 보기도 합니다. 이때 촉진자는 가위바위보 횟수가 적은 사람에게 다가가 자연스럽게 가위바위보를 해주면 됩니다.

- 두 번째 격려 시 촉진자가 구체적인 방법을 가르쳐 주지 않아도 스스로 신들의 영역에서 내려와 격려하거나 자리를 바꾸어 주는 참가자 있기도 합니다. 이때는 이를 칭찬해 주고, 매우 좋은 방법이라며 다함께 따라하도록 진행해도 됩니다.

디브리핑

- 불멸의 신은 단순한 가위바위보 활동이지만 다양한 상황을 만날 수 있습니다. 승승장구하여 한 번에 불멸의 신이 되는 사람, 처음부터 계속 지기만 하여 마지막까지 병아리로 남는 사람, 병아리부터 공룡까지 끊임없이 올라갔다가 내려오기를 반복하는 사람, 오르락 내리락을 반복하다 결국은 불멸의 신이 되는 사람, 닭까지는 가보지만 공룡도 못되어본 사람 등이 있습니다. 이처럼 다양한 상황의 사람들에게 그때의 느낌을 물어볼 수도 있지만 학급이나 일상에서 그러한 상황이 있었는지 물어볼 수도 있습니다. 그리고 그때의 감정 상태를 물어보

거나 그러한 사람의 감정 상태를 짐작해보도록 할 수도 있습니다. 불멸의 신은 성공과 좌절의 과정만으로도 수많은 이야기 거리를 낳습니다.

• 불멸의 신 격려의 과정에서 신들의 격려에 대한 평가를 내리는 세 동물들을 주목하세요. 이들은 점수를 후하게 주기도 하지만 여지없이 박하게 주기도 합니다. 하지만 대체적으로 처음보다 두 번째 격려에서 평가 점수를 올려줍니다. 세 동물들이 왜 점수를 후하게 주었는지? 왜 점수를 박하게 주었는지? 그때의 감정 상태는 비슷하지만 표현 방법은 다르다는 점을 디브리핑으로 이끌어 낼 수 있습니다. 그리고 처음과 나중의 평가 점수 차이에 대해서도 평가자 뿐 아니라 격려의 말과 행동을 한 신들에게서도 차이점을 물어볼 수 있습니다. 이들의 대답은 다분히 자신들의 입장을 반영합니다. 격려를 받는 사람과 하는 사람의 입장에서 소감을 털어 놓습니다. 따라서 양쪽의 느낌과 입장 차이를 모두에게 알려주는 것이 디브리핑의 중요한 부분이 될 수 있습니다.

Tip 디브리핑을 위한 질문 예시

1 어느 단계까지 올라갔다가 병아리로 떨어졌나요? 짧은 인생이지만 여러 번 도전 했지만 실패한 경험이 있나요?

2 병아리까지 떨어졌다가 결국 불멸의 신이 된 사람이 있나요? 이처럼 반전
의 경험이 있었다면 잠깐 소개해 볼까요?

3 계속해서 이긴 사람들이나 계속 지기만 한 사람이 있나요? 그때 어떤 기
분이었나요?

4 마지막에 남은 세 동물들은 첫 번째 격려와 두 번째 격려의 느낌은 어떠했
나요? 어떤 차이점이 있나요?

5 불멸의 신들은 첫 번째 격려와 두 번째 격려의 느낌은 어떠했나요? 어떤
차이점이 있나요?

6 평소 진정으로 격려를 받았던 경험이 있나요? 그때의 격려에 대해 알려줄
수 있나요?

한 발 더 들어가기

성공과 좌절의 과정 두 번 이상 실시하기

❶ 시간이 허락할 때 성공과 좌절의 과정을 두 번 이상 실시해 보세요.
대부분 처음과는 다른 결과가 나옵니다. 한 명 정도는 마지막 세 동
물로서 남아 있기도 하지만, 세 명 모두가 동일한 경우는 거의 없습
니다.

❷ 같은 활동을 여러 번 도전할 때 그 결과가 달라지는 점에 대해 디브
리핑으로 이끌어 보세요.

25

믿고 쓰러지기

신뢰를 쌓는 모험놀이상담

신뢰 쌓기: 신뢰, 어떻게 쌓을까?

아이들에게 서로 믿고 의지하라고 말한다면 그렇게 될 수 있을까요?
아이들이 서로 믿고 의지하게 만드는 과정을 맛보게 하면
더 쉽게 행동할 수 있을 것입니다.

- **활동목표:** 서로 믿으며 다치지 않게 받아주기

- **장소:** 교실 또는 운동장

- **준비물:** 없음

- **적정인원:** 8~30명

- **소요시간:** 20분~30분

믿음이나 신뢰는 혼자 하는 것이 아닙니다. 누군가와 함께 만들어가는 것입니다. 그리고 사소한 일들 때문에 믿음이 더 커지기도 하지만 완전히 무너지기도 합니다. 믿음을 다루는 활동은 언제나 진지하고 신중하게 다루는 것이 좋다고 생각합니다. 재미있는 활동이지만 마음은 진지하게 할 수 있도록 아이들에게 당부하세요.

믿고 쓰러지기 활동은 짝 활동으로 시작합니다. 따라서 두 명씩 짝을 짓는데 마음이 맞는 친구와 짝을 이루기도 하지만 덩치가 비슷한 친구와 짝을 이루도록 하기도 합니다. 마음의 환경과 물리적 환경을 모두 충족시킬 수 없는 경우가 많기에 어느 하나에 집중하는 것입니다.

여러 명이 활동을 하는 경우 적당한 간격을 두고 관찰하기 용이하도록 두 명씩 짝을 이룬 상태에서 줄을 세우고 활동을 시작하는 것이 안전한 방법입니다.

❶ 두 사람씩 짝을 이루고, 적절한 간격으로 줄을 세웁니다. 한 사람은 넘어지는 역할을, 다른 한 사람은 받아주는 역할을 할 것이며, 서로 역할을 번갈아 해보게 될 것임을 안내합니다.

❷ 넘어지는 사람과 받아주는 사람의 자세를 번갈아 가며 모두 함께 따라 익히게 합니다.

- 넘어지는 사람은 손을 엇갈려 깍지를 끼고 돌려서 가슴 앞에 오게 합니다. 발을 서로 붙이고 몸은 꼿꼿하게 서서 통나무처럼 뒤로 뻣뻣하게 넘어집니다.

- 받아주는 사람은 발을 어깨 넓이로 벌리고, 편안한 발을 바깥쪽 뒤로 길게 뺍니다. 뒤로 빠진 다리는 무릎을 곧게 펴고, 앞쪽 다리는 무릎을 굽힙니다. 양 손은 손바닥을 크게 펴서 앞사람 어깨 아래를 받칩니다.

❸ 넘어지는 사람의 허리나 무릎이 굽혀지지 않고, 발바닥이 땅에서 떨어지지 않고 넘어지며, 받아주는 사람이 안전하게 받았을 때 성공이라고 알려 줍니다.

❹ 넘어지는 사람의 등과 받아주는 사람의 손바닥 사이 거리를 10cm, 20cm, 30cm, 50cm의 순서로 멀어지며 4번 실시합니다. 실시할 때는 3차례의 구령과 대답을 통해 안전하게 실시합니다. "준비 됐나요?", "넘어져도 될까요?", "넘어집니다!".

❺ 끝나면 역할을 바꾸어 실시해 봅니다.

❻ 두 명씩 짝을 이루어 실시하는 활동을 마치면, 세 명이 한 모둠이 되어 한명은 넘어지고 두 명이 받아주는 역할을 수행해 봅니다. 이 단계 역시 역할을 바꾸어 실시합니다.

❼ 이어서 네 명이 한 모둠이 되어 넘어지는 한 명을 세 명이 받아주는 활동을 실시해 봅니다. 이 단계 역시 역할을 바꾸어 실시합니다.

촉진노트

• 믿고 쓰러지기 활동에 있어 처음에 참가자들에게 당부의 말을 하는 것은 중요합니다. 이 활동을 통해 참가자들이 믿음이라는 추상적인 단어에 대한 느낌을 온전히 느낄 수 있도록 안내하기 위해서는 모든 과정들이 단계적이어야 합니다. 낮은 수준의 도전 목표에서 시작하여 점점 도전의 수준을 높여 나가되 참가자들이 이를 스스로 선택할 수 있게 합니다.

- 누구나 인정하지만 실체를 느끼기 쉽지 않은 것이 '믿음'입니다. 처음에는 이 활동이 믿음에 대한 활동임을 인지시키는 것에서 출발합니다. 그리고 넘어지는 사람의 동작과 받아주는 사람의 동작을 차근차근 연습합니다. 이후 넘어지는 사람의 등에서 조금씩 멀어지며 차근차근 해 봅니다. 나아가 받아주는 사람의 수를 점점 늘리면서 서로 상의하게 하고, 어떻게 하면 보다 안전하면서 멀리서 받을 수 있는지를 상의하게 만듭니다.

- 이러한 과정과 논의의 순차적인 진행은 참가자들에게 안정감을 느끼게 하며, 믿음이라는 추상적인 단어에 대한 느낌을 분명하게 만듭니다. 그리고 서로 상의하면서 도전의 수준을 선택하는 과정에서 개인적인 상황까지 고려할 수 있게 만듭니다.

- 믿고 쓰러지기 활동을 진행함에 있어 안전을 위해 신경 써야 하는 것들이 몇 가지 있습니다. 우선은 받치는 사람과 넘어지는 사람의 자세입니다. 받치는 사람은 발이 앞에서 보았을 때 가로방향으로 어깨 넓이 이상 벌리고, 한 쪽 다리를 바깥쪽 뒤로 길게 빼고 무릎은 곧게 핍니다. 이때 손바닥은 넓게 펴서 넘어지는 사람의 등을 받치고, 멀리서 받을수록 손을 조금씩 아래로 합니다. 이러한 안정적인 자세는 받치는 사람과 넘어지는 사람이 넘어지는 경우를 최대한 줄여줍니다. 넘어지는 사람은 좌우에 다른 팀이 너무 가까이 있는지 살펴보고, 자신의 자세가 성공 기준에 부합하는지 생각해 보면서 활동에 임하게 합니다.

- 두 번째는 팀별 적절한 간격과 진행 속도입니다. 촉진자의 구령에 의해 모두가 함께 활동할 때 팀별로 적절한 간격을 두는 것과 촉진자의

구령에 따라 단계적으로 천천히 진행하는 것이 좋습니다. 이러한 방식으로 진행할 경우 촉진자는 참가자들의 상황을 한눈에 파악하기 용이하며, 보다 안전하게 진행하는데 도움이 됩니다. 3인 1팀 도는 4인 1팀으로 활동이 확장되었을 때는, 모두가 동시에 진행하기보다 각자 방법을 논의한 후에는 모두 자리에 앉도록 하고, 한 팀씩 개별적으로 실시하는 것을 권장합니다.

• 세 번째는 아이들에게 진지하게 임해 줄 것을 당부하는 것입니다. 이러한 당부를 하고 안하고가 결과에 영향을 많이 미칩니다. 따라서 촉진자부터 정중하고 참가자들에게 진지한 활동을 부탁하는 것이 좋습니다.

디브리핑

• 믿고 쓰러지기 활동 후 되짚어 볼 만한 내용 중 대표적인 것은 신뢰와 관련된 활동 과정 자체와 성공과 실패의 기준, 친구들과 나와의 다른 점 이해하기 등이 있습니다.

• 활동 과정 자체에 대하여 나누기 위해 '활동을 하면서 기억에 남았던 것은?'이라고 물어볼 수 있습니다. 이때 참가자들이 해 준 이야기 중에는 다음과 같은 부분이 있습니다.

"30cm에서 실패했는데, 50cm에서는 30cm에서 받아주는 사람의 행동에 '한 번 해 볼까' 하는 생각이 들어 해 보았는데, 성공했어요."

"든든한 느낌이 들었다. 참가자들이 잘 받아주겠지?…"

"넘어지는 쪽과 받치는 쪽 모두 해 보았는데, 두 가지 모두 중요하고, 넘어지는 것을 먼저 해 보았기에 어떻게 하면 더 잘 받을 수 있는지 알 수 있었던 것 같다."

"넘어지는 것을 먼저 해 보았는데, 내가 넘어지는 마음을 아니까 상대에게 믿음을 주면서 받아줄 수 있었던 것 같다."

• 보다 다양한 이야기들이 나오지만 위 이야기들 속에서도 나눌 만한 이야기들이 많습니다. 넘어지는 사람이 보다 안정감을 느끼도록 하기 위해서는 어떤 점에 신경 써야 할 지 이야기를 나누어볼 수 있으며, 이것을 실생활 이야기와 연관 시킨다면 학급에서 친구들이 즐겁게 학습에 매진하기 위해서는 어떤 점에 신경 쓰면 좋을 지 이야기를 나누어 볼 수 있을 것입니다. 그리고 그러한 분위기가 형성되어 과정에서는 이러한 사소하지만 작은 노력들이 있어야 함을 알게 만들 것입니다.

• 성공과 실패의 기준, 친구들과 나와의 다른 점 이해하기에 대해 나누기 위해 "50cm 거리에서 넘어질 때 자신이 성공했다고 생각하는지? 실패했다고 생각하는지? 그리고 그 이유는?"이라고 물어볼 수 있습니다. 이때 참가자들이 해 준 이야기 중에는 다음과 같은 이야기가 있습니다.

"뒤에서 받아주는 사람에게 신뢰감이 들긴 했지만 몸이 먼저 반응한 것 같다."

"넘어질 때 스스로 깍지 낀 손이 풀리는 느낌이 들었으며, 넘어지고 나서 내가 자연스럽게 혼자 일어나려고 했던 것 같다."

"나는 성공했다고 생각하는데, 같은 팀인 다른 사람은 내가 실패했다고 생각하는 것 같다."

"마음은 있는데, 몸이 무조건 적으로 반응하는 부분이 있는 것 같다."

• 대부분의 참가자들은 성공과 실패의 이유에 대해 모호하게 대답하는 면들이 있습니다. 이는 대한민국이라는 사회가 성공과 실패에 대한 단호한 어투를 사용하지 않는 측면이 있기 때문이라고 생각합니다. 하지만 주목할 점은 비슷한 상황에서 어떤 친구들은 손쉽게 성공하며, 어떤 친구들은 어렵게 성공하고 있다는 점입니다. 그리고 같은 팀이면서도 성공과 실패에 대한 결과를 다르게 말하고 있다는 점입니다. 이러한 부분들에 대해 참가자들의 생각을 확인하고, 그렇다면 어떻게 하면 성공하기 쉽게 만들 수 있을지에 대하여 이야기를 나눌 수 있습니다. 이러한 이야기는 서로 다르다는 것을 인정해야만 가능할 것입니다.

Tip 디브리핑을 위한 질문 예시

_____

1 받아주는 역할과 쓰러지는 역할 중 어떤 것이 더 편했나요? 이유는? 그리고 다른 역할이 더 어려웠던 이유는?

2 두려움이 있었다면 무엇 때문이었나요? 그리고 그 두려움이 계속 되었나요?

3 내 짝이 받아 줄 때 고마움을 느꼈나요? 고마움을 몸으로 표현해 보겠습니다.

4 믿음을 형성하기 위해 필요한 것은 무엇일까요?

안대를 착용하고 해보기

❶ 믿고 쓰러지기 활동은 도구 없이 실시해 볼 수 있는 활동입니다. 하지만 '안대'를 사용하는 것도 하나의 방법이 됩니다. '안대'는 완전하게 시야를 차단해 주는 효과가 있으며, 보다 몰입하게 합니다. 충분한 수의 '안대'가 있다면 '안대'를 이용하여 활동해 보는 것도 좋습니다.

26

버드나무 숲바람

신뢰를 쌓는 모험놀이상담

신뢰 쌓기: 신뢰, 어떻게 쌓을까?

무더운 여름날 시원한 바람을 느껴 보셨나요? 호젓한 들판의 버드나무 한 그루가 산들 바람에 나뭇잎이 흔들리듯 바람결에 자신을 온전히 맡겨보는 경험은 어떨까요?

- **활동목표:** 주위에 자신을 받쳐주는 사람들에게 온 몸을 맡기고 평화의 느낌 만끽하기
- **장소:** 교실 또는 운동장
- **준비물:** 없음
- **적정인원:** 팀당 8~12명
- **소요시간:** 15분~40분

평화의 바람은 어디에서 불어올까요? 신뢰를 느낄 수 있는 상황이 되면 평화를 느낄 수 있는 것일까요? 여러 사람이 한 사람을 가운데 두고 매우 조심스럽게 받쳐주는 활동을 통해 어디에서 신뢰와 평화가 싹트는지 살펴봅시다.

❶ 8~12명 정도의 인원이 한 팀이 되도록 팀을 나눕니다.

❷ 팀원들은 모두 동그랗게 서되 옆 사람과 어깨가 닿을 정도로 섭니다. 이때 자원자를 받아 원의 중앙에 한 사람을 세웁니다.

❸ 원 가운데 선 사람은 몸을 꼿꼿이 세운 채 팔을 몸 앞에서 엇갈려 어깨를 감싸 잡고 섭니다. 이때 엇갈려 감싼 팔은 자신의 가슴을 보호하는 것이라 알려 줍니다.

❹ 원을 구성하는 사람들은 팔을 들어 중앙에 선 사람이 손에 닿을 만큼 뻗습니다. 그리고 한쪽 다리는 뒤로 빼서 원 가운데 선 사람이 넘어져도 받칠 수 있는 준비를 합니다.

❺ 원 가운데 선 사람이 몸과 마음의 준비가 되면, 시작 신호를 주위 사람들에게 보내고 한 방향으로 넘어집니다. 이때 허리가 구부러지지 않도록 꼿꼿한 자세를 유지합니다.

❻ 주변 사람들은 가운데 있는 사람이 넘어지지 않도록 받칩니다. 이때

반드시 3명 이상이 받칠 수 있도록 하며, 최대한 천천히 반시계 방향으로 회전시킵니다.

❼ 일정 시간이 흐르거나 중앙에 있는 사람이 끝내고 싶은 경우 멈춤 신호를 보내고 가운데 사람이 바로 설 수 있게 합니다.

❽ 이어서 해보고 싶은 사람 순서로 가능한 모든 참가자가 가운데 선 사람의 역할을 해봅니다.

촉진노트

- 이 활동은 빠르게 진행하기보다 최대한 천천히 진행하는 것이 좋습니다. 너무 빠르게 진행하면 안전하지 않을 수 있으며, 천천히 진행할수록 평화의 느낌을 느낄 수 있습니다. 특히 가운데서 몸을 꼿꼿하게 하고 한쪽으로 기울어져 있는 사람을 받치는 사람이 항상 3명 이상이 되도록 주의를 기울여야 합니다. 혼자서 받치게 되면 몸무게에 밀려 뒤로 받치는 사람이 뒤로 밀리게 되기 하기 때문입니다.

- 보다 평화로운 분위기를 연출하고자 하는 경우 매우 조용히 활동하거나 참가자들이 조용히 허밍을 하면서 활동을 진행해도 됩니다. 또는 잔잔한 음악을 틀어 주는 것도 방법입니다.

- 가운데 선 사람이 몸을 기울였을 때, 최대한 안정감을 느끼는 수준에서 기움의 정도를 선택할 수 있습니다. 바꾸어 말하면 원을 구성하는 사람들이 얼마나 뒤에서 받쳐 줄 것인가를 결정하는 것입니다. 이러한 선택은 가운데 선 사람이 간혹 넘어지는 경우를 발생시키기도 하

며, 받치는 사람들이 두 세배의 힘을 쏟도록 만들기도 합니다. 따라서 선택한 거리 이상 멀어지지 않도록 살펴보아야 합니다

디브리핑

- 신뢰는 어떤 과정을 거쳐 생성되는 것일까요? 이 활동을 최대한 천천히 진행하고자 하는 것은 이러한 과정에 대해 되돌아볼 수 있기 때문입니다. 하나하나 세심하게 살피고, 정말로 안정감을 느낄 수 있도록 활동을 진행해 보세요! 이 활동을 통해 참가자가 어떤 기분을 느낄 수 있을까요? 그리고 질문하세요. 평화로운 기분을 느낄 수 있었던 이유가 어디에 있었는지, 그리고 무엇이 우리들에게 평화를 가져다 주는지를요.
- 활동을 빠르게 진행하는 경우 마치 핑퐁을 하듯 가운데 있는 사람을 주고받는 형태가 되기도 합니다. 이것은 장난스러운 분위기로 흐르기 쉽습니다. 깊이 있는 디브리핑을 하지 못하더라도 신뢰가 형성될 수 있는 분위기가 만들어질 수 있다면 평화를 느껴볼 수 있을 것입니다.

1 원 안에서 평화로운 감정을 느꼈나요? 어떤 점들이 자신에게 평화로운 감정을 느끼게 하였나요? 혹 평화로운 감정을 느끼지 못했다면 그 이유는 무엇일까요?

2 이 활동에서 잠재된 위험이 있다면 무엇일까요? 이러한 잠재된 위험이 있음을 알고도 활동에 몰입할 수 있었던 것은 왜일까요?

3 우리 팀의 신뢰도는 몇 점을 주고 싶은가? 그 이유는 무엇인가요?

한 발 더 들어가기

두 명이 부둥켜안고 가운데 서기

❶ 충분히 분위기가 성숙된 팀에서 시도해 볼 수 있는 방법입니다. 가운데 한 명의 사람이 서는 것이 아니라, 두 사람이 서로 마주보고 부둥켜안고 머리를 엇갈리게 한 후 같은 활동을 합니다. 최대 3명까지는 가능합니다.

❷ 이러한 변형에 있어 주변에 받치는 사람은 항상 5명 이상 받치는 것이 좋습니다. 또한 가운데 선 사람들이 몸을 한쪽으로 기울였을 때의 기울기는 작은 것이 좋습니다.

❸ 마지막으로 한 번 더 강조하고 싶은 것이 있습니다. 서로 부둥켜안는 동작은 집단의 분위기가 성숙된 팀에서 해야만 한다는 것입니다. 두 사람의 몸무게를 주위에서 감당하는 것도 도전이며, 부둥켜안는 것 또한 도전이기 때문입니다. 그리고 동성끼리 부둥켜안아야 하고요.

27

나에게 와라

믿음 쌓기: 좋은 관계의 시작, 믿음

'나에게 와라' 활동은 안대를 쓴 사람 주위로 모든 친구들이 다가가다가
멈추라는 신호가 들리면 멈추는 모험놀이입니다.

- **활동목표:** 한 사람이 눈을 가린 후 상대방의 접근을 어느 정도 허용하는지 알
  아본다
- **장소:** 실내(교실) 또는 실외(운동장)
- **준비물:** 안대
- **적정인원:** 10~16명
- **소요시간:** 10분~30분

'무궁화 꽃이 피었습니다' 전래놀이를 아이들은 참 좋아합니다. 운동장에 나가서 술래를 세워놓고 술래가 "무궁화 꽃이 피었습니다!"를 외치는 동안 한 발 한 발 앞으로 나갈 때의 그 조마조마함과 술래가 돌아본 후 움직인 친구들의 이름이 불리면 술래의 꼬리가 되어 긴 줄로 늘어섰을 때 나머지 친구들은 꼬리가 된 친구들을 살려주기 위해 한 발 한 발 앞으로 나갈 때의 그 긴장감을 즐깁니다.

이 활동은 '무궁화 꽃이 피었습니다'와 출발 모습은 같으나 활동의 목표는 다릅니다. 많은 사람들은 타인과의 의사소통 과정에서 단절감을 느끼기도 하며 고독함을 느끼기도 합니다. 그러나 그 고독과 외로움은 타인이 아닌 자기 내부로부터 만들어 놓은 것이기도 하지요. 우리 자신은 과연 얼마만큼 타인에게 마음의 문이 열려있을까요? 혹시 친구나 나에게 호의적인 사람에 대하여 두려움을 갖고 있지는 않을까요?

❶ 한 명은 안대를 하고 다른 학생들은 눈을 가린 친구로부터 범퍼 업 자세를 한 후 10미터 떨어진 곳에서 친구를 보며 서있게 합니다.

❷ 활동이 시작되면 눈을 가린 친구가 '출발'이라고 외치고, 눈을 가린 친구들을 향하여 천천히 아주 다가가게 합니다.

❸ 만약 눈을 가린 친구가 '멈춰'라고 외치면 모두 그 자리에서 멈춥니

다. (얼음땡 자세)

❹ 안대를 한 친구는 안대를 벗은 후 나에게 다가와 있는 친구들과 눈을 맞추면서 친구들의 표정을 봅니다.

❺ 친구들은 술래를 향해 웃거나 인사를 하거나 재밌는 동작을 취합니다.

❻ 돌아가면서 한 번씩 해볼 수 있도록 합니다.

❼ 술래에게 친구들이 표현해주었으면 하는 동작이 있는지 물어볼 수 있습니다. 원하는 동작을 술래가 말하면 다른 친구들은 그에 맞는 동작을 준비하고 출발하여 술래에게 표현합니다.

촉진노트

• 참가자들의 준비 상태를 정확히 파악하여 신뢰감 형성에 저해되지 않도록 주의합니다. 이야기를 나누는 활동이므로 서로 간에 충분히 마음 열기를 한 후 친밀감이 형성된 후에 하는 것이 좋습니다.

- 눈을 가린 친구를 간지럽히거나 놀리는 행동을 하지 않도록 합니다. 천천히 걸어가는 활동이므로 뛰어가게 하거나 술래에게 위협적인 느낌이 들지 않도록 배려하는 모습을 보이도록 합니다.
- 참가자들이 소리를 내지 않고 접근하도록 하며 어떤 스타일로 접근할 것인지 같이 의논해 볼 수 있습니다. 그리고 어떤 동작을 만들어 안대를 벗었을 때 보여줄지 의논도 할 수 있습니다.

디브리핑

- 안대를 벗고 난 후의 소감을 물어보면 다양한 이야기가 나옵니다.
  "마음의 거리를 확인하는 계기가 되었다."
  "가까이 다가가도 눈을 맞추진 못한다."
  "가까이 가는 건 좋아도 터치는 불편하였다."
  "가까이 다가갈 수 있다는 것이 놀라웠다."
  "눈 떴을 때 조원들이 웃어줘서 좋았다."
- 다음으로 '나는 평상시 관계 맺기를 두려워하는가'에 대한 이야기를 나누어봅니다. 그러면서 천천히 움직인 이유를 물어보고 그 이유를 나누어봅니다. 그 이유는 다양하게 나옵니다.
  "자리가 좁아서 천천히 움직였다."
  그러면 나의 지나친 배려로 나의 마음이 오히려 잘 전달되지 않았거나 잘못 전달된 경우는 없는지 다시 질문을 던집니다. 무관심하다고 오해도 받게 되어 이런 경우의 지나친 배려는 "관심이 없다" "방치한다"고 해석되고 오해되는 경우도 있기 때문입니다. 그래서 관계를 맺고 상대방의 입장에서 생각하는 것은 어려운 일입니다.

- 스스로 사람과의 관계 맺기 정도에 대하여 잘함, 보통, 어려움 끼리 모이게 합니다. 그리고 난 후 팀 별로 주제를 줍니다.

1. 좋은 관계를 맺는 방법

2. 사람으로부터 받은 상처의 극복법

이야기를 나누어 본 후 모둠별로 발표를 합니다. 간단한 토론 후 발표를 하게 되면서 서로가 가지고 있던 생각나누기를 통해 자신의 마음이 정리되고 위로받는 경험을 하게 됩니다.

- 맨 마지막엔 학생들 모두 원으로 만들고 난 후 옆 사람의 어깨를 순차적으로 토닥토닥하면서(무릎치기 활동을 연상) 활동 마무리를 합니다.

Tip 디브리핑을 위한 질문 예시

1 눈을 가린 상태에서 상대방이 접근할 때 어떤 생각이 들었나요. 두렵거나 무섭지 않았나요?

2 앞이 보이지 않은 상태에서 '그만'을 외쳤을 땐 어떤 기준이었나요?

3 마음의 벽을 허무는 효과적인 접근법은 무엇이 있을까요?

4 앞으로 가면서 망설였던 순간이 있었나요?

5 이 활동의 좋은 점은 무엇인가요?

6 나는 겁이 많은가요? 아니면 모르거나 보이지 않을 때 어떤 생각을 하나요?

❶ 아이들이 좋아하는 아이, 싫어하는 아이 대표로 세워서 비교해 봅니다. 왜 가게 되었니? 또는 안 가게 되었니? 물론 교사는 이 선정 기준을 학생들에게는 이야기하지 않습니다. 이렇게 술래를 세워놓고 디브리핑 시간에 자연스럽게 친구를 대하는 기준에 대한 이야기를 나눌 수 있습니다.

모범기사

신뢰를 쌓는 모험놀이상담

믿음 쌓기: 좋은 관계의 시작, 믿음

'모범기사' 모험놀이는 눈을 감은 사람과 그를 안내하는 사람이 짝이 되어 돌아다니면서 두려움과 불안을 극복하고 신뢰와 평화를 느끼는 활동입니다.

- **활동목표**: 눈을 가린 채 말없이 움직이며 불안감을 떨치고 신뢰감을 만들기
- **장소**: 실내(교실) 또는 실외(운동장)
- **준비물**: 눈가리개, 명상음악
- **적정인원**: 10~30명
- **소요시간**: 10분~30분

우리가 생각하고 상상하는 교실의 분위기는 어떨까요? 학생들에게 물어보면 교실은 에너지가 분출하고 소란스러운 곳으로 표현됩니다. 그렇다면 학교 교실에서 '평화롭다'는 느낌을 체험하는 것이 어려울까요? 이번 활동은 바로 '정중동(고요한 가운데 움직임이 있다)'이 아닌 '동중정'을 느끼는 활동입니다.

　불편한 마음 내려놓기, 친구 무작정 믿고 따라가기, 마치 우리가 버스나 자동차를 탔는데, 운전하는 사람을 믿을 수 없다면 어떨까요? 타는 내내 불안하겠죠? 하지만 아무리 먼 길을 아무리 깜깜한 밤에 가더라도 운전하는 사람이 내가 가장 믿고 신뢰하는 사람이라면 다른 생각이 들겠지요. 뒷자리에 앉아 편안하게 자면서 갈 수도 창밖의 경치를 즐기면서 갈 수도 있겠지요.

　나를 믿고, 친구를 믿고, 운전하는 사람을 믿고 차가 안전하게 운행하는 평화의 거리를 만들어 보겠습니다.

❶ 학생들에게 두 명씩 짝을 짓도록 하고 눈가리개를 하나씩 나누어 줍니다.

❷ 짝이 된 둘 중 한 사람은 눈을 가리고 자동차 역할을 하며 또 한 사람은 눈 감은 사람 뒤에서 그 사람 어깨에 손을 올리고 자동차를 운전

하는 운전자 역할을 합니다. 번갈아 가면서 할 것이므로 순서를 정하면 됩니다.

❸ 자동차 역할(평화를 체험하는 역할)을 하는 사람은 손바닥을 편 채 양쪽 팔을 편안하게 앞으로 뻗어서 자기 몸을 보호하는 자동차 범퍼를 만듭니다.

❹ 운전자 역할을 하는 사람은 눈을 뜬 채 자동차를 몰고 돌아다니면서 다른 차와 충돌하지 않도록 합니다.

❺ 처음에 한 쌍의 지원자를 통해 시범을 보입니다. 눈을 가린 사람은 긴장이 되어있는 상태이므로 운전자는 무엇보다도 자동차의 신경이 예민해진다는 점을 이해하고 자동차 운전을 '천천히' 하도록 주지시킵니다.

❻ 활동 중에 어떤 대화도 하면 안 됩니다.

❼ 촉진자가 "출발"을 외치면 주어진 공간 안에서 멈추지 않고 천천히 움직입니다. 필요에 따라 장애물을 설치할 수 있으며 혹 준비가 되지

않는 경우에는 가상설정을 할 수 있습니다. (⑨참고)

❽ 촉진자가 "그만"을 외치면 활동을 멈추고 짝끼리 역할을 바꾸어 다시
합니다.

❾ 촉진자는 속도 조절과 드라이브 환경 등을 다양하게 제시할 수 있습
니다.

- 시속 2km

- 학교 앞 스쿨존입니다. 속도를 조금 더 줄이세요.

- 앞에 강아지가 지나고 있습니다.

- 유모차를 끌고 있는 엄마가 지나갑니다.

- 오르막길입니다.

- 내리막길입니다.

- 비포장길입니다.

- 주차해주세요.

❿ 조용한 음악을 틀어 놓고 활동을 진행할 수도 있습니다.

촉진노트

- 안대를 쓰고 다니면서 내가 언제 평화로웠는지, 그 평화로운 장면을
연상할 수 있도록 이야기 해 보세요.

- 자기에게 평화로운 시간이 언제였는지 이 느낌은 디브리핑 시간에
이야기를 나누어봅니다.

- 최대한 조용한 가운데 실시하여 실질적인 고요와 불안, 평화로움을

경험해보도록 합니다.

- 눈을 가리고 움직이므로 활동 공간의 장애물이 없도록 하여 안전을 확보합니다.
- 자신의 차와 모든 참가자가 안전하게 활동에 참여할 수 있도록 운전 자는 배려와 신중함을 보여주어야 합니다.

디브리핑

- 활동을 끝낸 후 안전하게 여행 할 수 있도록 해 준 안내자에게 감사 의 인사를 해주세요. 또 나의 동료들에 대한 신뢰 수준을 두 손이나 팔로 표시하게 해보세요. 모두 다르게 자신만의 동작으로 감사를 표 현하게 해보면 재밌고 톡톡 튀는 인사법이 나온답니다. 인사하면서 활동 시 느꼈던 긴장감을 재미있게 표현해봅니다.
- 나에게 평화로운 시간은 언제일까요. 그리고 무엇을 하나요? 라고 묻 습니다. 아마 학생들마다 각자 다르겠지만, 그 때의 얼굴을 보면 전체 에 번지는 평화로움도 함께 볼 수 있습니다.
- 더 나아가 평화로움을 느끼기 위해서는 어떤 조건들이 갖추어져야 하는지도 이야기를 해 볼 수 있습니다. '시간의 여유', '학원, 학교 끝 나고 집에 갈 때', '자려고 누웠을 때', '혼자있는 시간' 등 아이들 수만 큼 다양한 답이 나올 것입니다. 사실 평화로움은 스스로 열심히 살았 다고 힘든 하루를 끝낸 자기 자신에게 줄 수 있는 달콤함입니다.

디브리핑을 위한 질문 예시

1 활동을 하고 난 느낌이 어떤가요?

2 운전자일 때와 자동차일 때 중 어떤 역할이 더 인상 깊었나요?

3 맡은 역할에서 어려움은 무엇이었나요? 그 어려움을 극복하기 위해 어떻게 했나요?

4 하루 중 가장 평화로운 기분을 느낄 때는 언제인가요?

5 우리 반의 평화로운 상태란 어떤 상태일까요?

6 내가 평화로운 우리 반을 만들기 위해 해야 할 역할은 어떤 것이 있을까요?

한 발 더 들어가기

❶ 짝을 만들 때 다양한 방법으로 짝을 만들어 볼 수 있습니다. 카드에 사물의 이름을 적은 후 같은 이름이 적힌 종이를 가진 학생들을 모이게 하여 그 사물의 특징을 소리와 동작으로 표현하게 합니다. 그리고 나머지 학생들은 그 동작과 소리를 듣고 사물의 이름을 맞히게 하면서 활동의 분위기를 조성할 수 있습니다.

❷ 교실에서 하는 경우 잔잔한 음악을 배경음악으로 설정 후 활동을 준비할 수 있습니다. 가벼운 명상 음악도 좋습니다. 안내자가 장애물을 피해 안전하게 목적지까지 도달할 수 있도록 해봅니다.

❸ 어깨에 손을 올리는 방법도 있지만 서로 마주 보고 선 상태에서 손을 잡게 해도 됩니다.

❹ 어깨에 손을 올리는 방법도 있지만 서로 마주 보고 선 상태에서 손을 잡게 해도 됩니다. 그리고 안내자가 춤을 추든, 동작을 크게 하든, 자유롭게 리듬에 따라 움직이게 해보는 것도 좋습니다. 그러다 교사가 "짝을 바꾸세요!"라고 외치면 새로운 짝에게 이동하여 움직이는 것도 가능합니다.

29

셀파보행

신뢰를 쌓는 모험놀이상담

믿음 쌓기: 좋은 관계의 시작, 믿음

'셀파보행' 모험놀이는 팀원 간의 신뢰를 바탕으로 서로 힘을 모아
어려운 도전경로를 지나가 보는 활동입니다.

- **활동목표:** 팀원 사이의 신뢰를 바탕으로 좀 더 굳건히 신뢰 다지기
- **장소:** 실내(교실) 또는 실외(운동장)
- **준비물:** 눈가리개, 도전경로
- **적정인원:** 10~30명
- **소요시간:** 10분~30분

서로가 쌓은 신뢰를 확인해 보는 활동을 해볼 수 있습니다. 많은 스킨십과 안전에 대한 배려, 상호 존중과 의사소통 등을 향상시키는 신뢰형성 활동을 통해 신뢰도를 검증해보고 신뢰도를 향상시킵니다. 신뢰가 형성된 것이 확인되면 문제 상황을 제시해 주어도 집단이 결집력을 보이며 활발한 해결 과정을 보여줍니다.

❶ 학생들이 눈을 충분히 가릴 수 있도록 준비된 눈가리개로 눈을 가립니다. 눈을 가리고 준비된 여행지를 여행할 수 있도록 준비합니다. 학생들 중 한 사람은 안대한 학생들을 목적지까지 안전하게 안내할 셀파를 뽑습니다. 셀파는 안대를 착용하지 않습니다.

❷ 참가자들이 준비하는 동안 교사는 학생들의 수준과 상황에 따라 장애물을 활용하여 도전할 경로를 만듭니다. 도전 경로는 안대를 쓴 학생들은 보지 않은 상태에서 셀파 리더만 볼 수 있게 합니다. 셀파는 전체적인 경로를 안대를 착용한 학생들에게 안내합니다. 도전을 위한 경로는 재미를 포함할 수 있는 경로를 창의적으로 만듭니다. (예: 덤불 속, 물가 건너기, 밑으로 기어가기, 급경사 건너기 등을 인형, 책상, 로프, 고깔 등 다양한 도구를 이용하여 설치합니다.)

❸ 도전 경로가 준비되었으면 남아있는 참가자들은 일렬로 줄을 선 후 집단의 조직력을 확인합니다. (예: 분위기 띄우기, 위급 시 안전장치 확보를 위한 약속 방법)

❹ 도전 경로로 안내되는 동안 참가자들은 말을 해서는 안 되며, 안내하는 사람이 참가자들을 만지거나 참가자들이 주변을 만지는 것도 안 됩니다.

❺ 구체적인 언어 표현 대신 휘파람, 닭 울음소리, 박수 소리 등은 허용됩니다.

❻ 눈을 가리지 않은 셀파리더는 여행자인 참가자들과 함께 걸으면서 잠재적 위험을 살피고, 필요한 경우에는 감독하기에 좋은 위치를 확보합니다. 멤버들이 헤매고 있다고 생각되면 리더는 경로를 알려줄 수 있습니다.

❼ 참가자들이 여행지를 모두 여행했다고 판단되면 보행을 멈추고, 목적지에 도착했음을 확인하며 저마다의 감탄을 외칩니다.

- 출발 전 리더를 뽑은 후 안전 보행을 위해 필요한 약속들이 무엇이 있는지 의논하게 합니다. (예: 앞 사람부터 번호 붙이기. 오른 손을 앞 사람의 어깨에 한 번 두드릴 때와 두 번 두드릴 때의 약속)
- 도전 경로를 통과하는 동안 참가자들이 조직력을 갖추고 자신들의 신뢰감을 극대화할 수 있는 멤버십을 강화하도록 합니다. 장애물은 로프나 의자, 책상 등 환경에 맞게 준비할 수 있습니다. 도전경로를 만들 때는 다칠 수 있는 물건이나 지대는 피해야 합니다.
- 안대를 착용한 후 하는 활동이라 안전과 소통이 중요하므로 셀파 및 학생들에게 여러 번 강조합니다.

- 말로만 하는 소통이 아닌 말과 몸으로 하는 소통 활동입니다. 우리는 말로써 믿음과 신뢰, 애정을 표현해야 한다고 하지요. 하지만 많은 말이 아니더라도 그 사람의 행동과 평상시의 모습 속에서 그 사람에 대한 신뢰를 갖게 하는 경우도 많습니다. 이 활동을 끝나고 난 후 진심 어린 소통에는 무엇이 있어야 하는지 소감을 나누어 봅니다.
- 먼저 안전하게 목적지까지 온 후 나를 이끌어준 셀파에게 큰 박수를 보냅니다. 그리고 어떤 마음으로 안내를 하였는지 소감도 물어봅니다.

- 맨 앞의 1번 학생에게 어떤 어려움이 있었는지 소감을 물어봅니다. 어떤 상황이든 맨 앞이라는 위치는 긴장이 되고 뒷사람을 생각하며 천천히 걷게 되는 자리입니다. 셀파의 말을 초 집중하여 들었다고, 또 나머지 팀원들의 안전을 위해 셀파의 말을 그대로 정확히 듣고 따랐다고 말할 것입니다.

- '좋은 리더란 어떤 사람인가, 바람직한 리더십은 어떤 것인가'에 대하여 이야기를 이어갑니다. 그리고 '좋은 선생님이란, 좋은 친구란?'으로 확대해서 이야기 할 수 있습니다. 저마다 좋은 선생님에 대한 이미지는 다릅니다. 서로가 생각하는 '나는 좋은 친구인가?'라는 질문도 해 봅니다. 그렇다면 나의 선의가 상대방에게 오해받지 않기 위해 어떻게 전달되어야 할까를 이야기하다 보면 관심을 가지고 관찰하고 그 사람이 하는 행동을 이해하려는 시간과 노력이 필요하다는 것을 자연스럽게 알게 될 것입니다.

Tip 디브리핑을 위한 질문 예시

1 안내를 받은 여행자들은 어느 순간이 가장 기억에 남나요? 눈을 가리고 활동을 한 느낌은 어떤가요?

2 셀파 역할을 한 사람은 여행자들이 목표에 다다르게 하기 위해 어떤 노력을 특별히 하였나요? 셀파를 한 느낌은 어떤가요?

3 의사소통은 잘 이루어졌나요? 잘 이루어졌다면 그 이유는 무엇일까요? 또 잘 이루어지지 않았다면 그 이유는 무엇일까요?

4 서 있는 위치에 따라 각자 느꼈던 감정, 주의 깊게 들었던 것이 있다면 무엇일까요?

5 학급에서 나의 위치는 어디일까요? 내가 학급에서 셀파가 된다면 어떤 모습으로 나타날까요?

한 발 더 들어가기

❶ 10명 이상의 학생들이 활동하는 것이 염려스러울 때는 2인 1조, 3인 1조, 4인 1조 등 작은 수부터 활동할 수 있습니다. 도전경로도 복도, 계단을 이용하여 설치할 수 있습니다.

30

원 통과하기

난처하지만 재미있는 상황에서 사람들은 어떻게 행동할까요?
또 그 주변에 있는 사람들은 어떻게 행동할까요?
그리고 그러한 상황이 성취감으로 연결된다면 어떤 기분일까요?

- **활동목표:** 훌라후프 또는 동그란 로프를 통과시켜 빠르게 전달하기
- **장소:** 교실 또는 운동장
- **준비물:** 훌라후프 또는 짧은 로프
- **적정인원:** 8~30명
- **소요시간:** 10분~20분

모두가 동그랗게 서서 손을 잡고 한 사람을 쳐다봅니다. 그 사람이 훌라 후프나 동그란 로프의 가운데로 몸을 통과시키는 것을 보면서, 자신에 게 훌라후프나 동그란 로프가 다가오면 어떻게 할지 생각합니다. 하지 만 생각과 달리 몸이 말을 듣지 않기도 합니다. 재미있지만 난처한 이 상황은 어떻게 될까요?

진행하기

❶ 참가자들은 원으로 서서 서로 옆 사람의 손을 잡습니다. 훌라후프를 두 사람 사이에 놓되 훌라후프의 가운데로 두 사람의 손이 연결되도 록 합니다.

❷ '시작' 신호와 함께 훌라후프를 손을 놓지 않은 상태에서 사람들을 통과하여 원을 한 바퀴 돌아오게 합니다. 이때 참가자들은 서로 잡은 손을 놓지 않는 범위에서 서로 도와줄 수 있습니다.

❸ 처음에는 시간을 재지 않고 시도합니다. 그리고 한 번의 연습 이후에 참가자들에게 해결할 문제나 더 빠르고 쉽게 목표를 달성하기 위한 방법에 대하여 토론하게 합니다.

❹ 참가자들에게 목표 시간을 정하게 합니다. 목표 시간은 참가자들이 제시한 여러 목표 시간 중 중간 정도의 시간으로 정하는 것이 바람직 합니다. 소규모 집단이나 성숙한 집단이라면 그들 스스로 목표를 설

정하도록 할 수 있습니다.

❺ 다시 한 번 활동을 시도하고 시간을 재어봅니다.

❻ 만약 목표 시간에 도달하지 못하면 참가자들에게 같은 목표를 사용하여 다시 시도해 보든지 아니면 새로운 목표를 설정해서 다시 도전해 보게 합니다.

❼ 다음 단계로 훌라후프 두 개를 가지고 하나는 촉진자의 오른편에서, 다른 하나는 촉진자의 왼편에서 서로 반대 방향으로 출발하게 합니다. 두 훌라후프 모두 원을 돌아오면 끝납니다.

촉진노트

• 손잡는 것을 어색해 하는 친구들이 있습니다. 이런 경우에는 서로 상의하게 하거나 촉진자가 나서서 참가자들의 순서를 조절합니다. 그리고 손을 놓지 않도록 서로 도와주도록 격려합니다.

• 로프로 매듭을 지어 동그랗게 사용하는 경우, 로프의 길이를 조절할 수 있습니다. 로프가 겨우 몸통을 빠져나갈 정도로 만들 경우 재미있지만 우스꽝스러운 모습이 자주 연출됩니다. 이때 로프를 통과시키고 있는 옆 사람에게 도와주도록 요청하는 것이 좋습니다. 옆 사람이 이성인 경우에도 마찬가지입니다. 촉진자의 자연스러운 도움 요청은 목표 달성을 용이하게도 하지만 분위기를 서로 돕도록 만들기도 합니다.

• 훌라후프나 동그란 로프 두 개가 반대방향으로 전달될 경우 가운데

지점에서 만나게 될 것입니다. 이때 그 지점에 있던 사람은 대개 난처해합니다. 재치 있는 사람은 그 상황을 빠르게 해결하지만 그렇지 못한 사람들도 많습니다. 이때 옆 사람이 도와주도록 요청하면 그러한 난처함은 이내 해결됩니다. 그리고 그 난처한 상황을 얼마나 빨리 벗어나는가에 따라 기쁨은 더 커집니다. 주변에서 도와준 사람도 기뻐하고, 난처함을 해결한 사람도 기뻐합니다. 이런 일을 겪는 사람은 다른 사람에 비해 두 배 이상의 어려움을 해결한 것이기에 이 점은 분명하게 짚어주고 박수를 보내면 됩니다.

디브리핑

- 재미있지만 난처한 상황이 발생하기도 합니다. 이럴땐 난처한 사람에게 필요한 것은 무엇일까요? 참가자들의 대답 가운데 작은 도움의 손길을 주는 것은 활동을 함께한 사람들에게서도 발견할 수 있는 일입니다. 실제 그러한 작은 도움의 손길을 준 사람에게 박수를 보내주세요. 그리고 작은 도움의 손길로 난처한 상황을 이겨낸 참가자에게도 박수를 보내 주세요. 재미있지만 난처한 상황은 이내 훈훈한 분위기를 만드는 밑거름이 될 것입니다.

- 살면서 어떤 사람들에게 도움을 받았는지 물어보세요. 그리고 그 도움이 어떤 것이었는지 서로 소개해 봅니다. 이어서 살면서 자신의 일을 방해한 사람이 있었는지도 물어보세요. 묘하게도 도움을 많이 준 사람과 중복되는 경우가 많습니다. 이때 도움의 손길과 방해의 손길

중 어떤 것이 더 기억에 남는지도 물어보세요. 왜 그렇게 생각되었는지까지 말해 본다면 참가자들은 바람직한 처세술에 대해서도 이야기를 나눌 수 있을 것입니다.

Tip 디브리핑을 위한 질문 예시

1 두 개의 훌라후프나 동그란 로프를 사용한 경우, 어느 팀이 이겼나요? 당신은 이긴 팀인가요?

2 살면서 어떤 사람들에게 도움을 많이 받았을까요? 당신은 어떤 때에 도움을 주게 되나요?

3 두 개의 훌라후프나 동그란 로프가 겹친 사람은 누구인가요? 그때의 난관을 극복한 방법은 무엇이었나요?

4 이 활동을 하면서 느낀 점이 있다면 무엇인가요?

한 발 더 들어가기

훌라후프 통과 방법 바꾸어 보기

❶ 참가자들은 서로 손을 잡고 원으로 섭니다. 두 사람만 서로의 손을 놓고 훌라후프의 한 쪽씩을 잡고 있습니다.

❷ 이제 서로의 손을 놓지 않고, 훌라후프를 절대 건들지 않고 모두가 훌라후프를 통과하여 원을 뒤집어 보게 합니다.

31

발목을 붙여라

문제를 해결하는 모험놀이상담

성공하기, 협동심 기르기: 성공을 위한 협동심 기르기

'발목을 붙여라' 모험놀이는 어깨 넓이로 발을 벌려 옆 사람과 발을
서로 붙인 채 일렬로 서서 목표 지점까지 이동하는 문제 해결 활동입니다.

- **활동목표:** 인내, 집중과 경청, 접촉에 의한 친근감 향상, 리더십, 팀워크, 의사
  소통, 도전과 성취감을 기를 수 있다.
- **장소:** 실내(교실)와 실외
- **준비물:** 출발선, 도착선 표시
- **적정인원:** 10~20명
- **소요시간:** 20~30분

2인 3각 경기는 2명이 한 다리씩 끈으로 묶고 달리는 경기입니다. 이 경기가 재미있는 이유는 아이들이 서로 다른 발걸음의 속도를 조절하여 목표를 향해 하나의 속도로 나간다는 것이지요.

그 과정에 넘어질 수도, 갈등이 생길 수도, 친구에 대한 원망이 생길 수도 있습니다. 하지만 작은 갈등과 섭섭함을 미뤄두고 목적지로에 무사히 도착한 순간 섭섭함은 사라지면서 언제 그랬냐듯 깔깔거리고 장난을 하게 될 것입니다. 다함께 발목을 붙이고 화해와 화합의 목적지까지 걸어가 보는 것은 어떨까요?

❶ 출발선과 도착선에 경계선을 설치합니다. 학생들은 한 줄로 서고 2명씩 짝을 짓습니다. 처음에는 2명이 한 조가 되어 발을 약간씩 벌려 서로 한 쪽 발 옆을 붙입니다.

❷ 1단계 도전거리는 2명씩 모든 조가 발을 붙인 채 목표 지점까지 이동하는 것입니다. 이때 두 발을 이어주는 끈은 없습니다. 마치 1열 횡대로 서서 발목을 붙인 상태로 2인 3각처럼 목표 지점까지 이동하는 것입니다. 이때 이동 중에 발이 떨어지면 다시 출발합니다.

❸ 모든 조가 1단계 도전을 완수하면, 2단계로 4명씩 혹은 6명씩 한 조가 되어 발을 붙인 채 출발한다. 점점 숫자를 붙이면서 도전해 봅니다.

❹ 2단계가 완수되면, 3단계로 학생 전체가 하나가 되어 1열 횡대로 서서 발을 붙인 채 목표 지점까지 이동합니다.

❺ 발이 서로 떨어지면, 다시 시작해야 합니다. 실패가 거듭되면 잠시 활동을 중지하고 서로 해결책을 찾기 위해 활발하게 의견을 내고 방법을 찾도록 격려합니다.

❻ 너무 해결 속도가 느리면 이동 방법에 대한 팁을 주기도 하며, 다양한 도전거리나 규칙을 첨가해도 좋습니다.

촉진노트

• 이 활동은 실내, 실외 어디서나 적용해 볼 수 있는 활동입니다. 2인 3각과 다른 점은, 이 활동은 발을 묶지 않고 붙인다는 점입니다. 보이지 않는 끈은 신뢰의 끈이라 비유해도 좋습니다. 학생들이 최소 2명에서 부터 시작하여 활동 인원을 증가 시킬 수 있습니다.

우선 2명의 학생에게 발목만 붙이고 걸어보게 합니다. 모둠별 진행도 좋고 짝짓기를 할 때 재미난 방법으로 범주를 나누면 됩니다. 혈액형으로 나누어도 좋습니다. 둘이 처음 나란히 섰을 때 두 사람의 안쪽에 서로 맞부딪히는 부분의 발목을 붙이고 다리는 세 개의 모양을 하고 움직이면 됩니다. 두 사람의 발목이 붙은 발 하나, 떨어진 발 각각 하나씩 합하여 세 개의 다리로 이동한다고 생각하면 됩니다. 팔은 팔짱을 끼거나 손을 잡고 하든 어떤 형태도 가능합니다.

• 각 개인이 자신의 신체만을 움직이다가 함께 움직이는 것은 생각보

다 쉽지 않습니다. 함께 이동하는 파트너와의 심정적인 호흡이 맞지 않으면 절대로 순조롭지 않을 것입니다. 게다가 인원을 2명에서 4명, 6명, 8명 순으로 계속 늘리면 더 많은 부분의 조화를 필요로 한다는 것을 느낄 수 있을 겁니다. 인내심, 문제를 해결하는 과정에서 여러 번의 시행착오도 거치게 되고 인내심도 요구됩니다.

그러나 과정이 그렇게 간단하지 않은 만큼 성공했을 때의 느낌은 기대 이상입니다. 하지만 지켜보는 선생님은 그저 규칙을 제시하면서 동기유발의 에너지만 필요하며, 그 밖에 구성원들이 서로 소통하고, 누군가의 의견을 해결책으로 받아들이는 타협과 의사결정 과정을 지켜보는 일 뿐입니다. 즉 발목을 붙이는 방법과 규칙, 동기유발을 위한 은유를 제시할 뿐입니다. 발목을 서로 붙여서 목적지에 도착해야한 다는 것과 의사소통을 위한 갈등의 시간은 당연하게 생각하고 그 이상은 가르쳐 주지 않아야 좋습니다. 물론 도중에 발이 떨어지면 다시 시작합니다.

• 사실 처음 구성원들에게 이 활동을 소개하면 너무나 쉽게 할 수 있을 것처럼 실행에 옮길 것입니다. 하지만 첫 발을 내딛는 순간 결코 쉽게 해결할 수 없는 간단치 않은 활동임을 몸이 대신 말합니다. 학생들이 지루한 브레인스토밍 과정을 거칠 때, 의견만 많고 발 떼기를 머뭇거 리고 있을 때 선생님께서는 "이렇게 하면 될 거야"라고 도움을 주고 싶은 생각이 들기도 할 것입니다. 그러나 절대로 끼어들면 안 됩니다. 오히려 친구들이 낸 의견을 다 하나하나씩 해보자고 격려합니다. 이 활동은 쉽게 짧은 시간에 끝날 수 없는 인내심을 요구하는 활동입니다. 사실 이 순간부터가 이 활동의 핵심입니다.

- '내가 열심히 달리고 있는데, 너는 잘 따라오고 있어?! 왜 이렇게 못 쫓아와? 너 때문에 우리 팀이 느리잖아!' 또는 '너는 왜 이렇게 빨리 달려? 나랑 같이 발을 맞춰야지! 너만 잘하면 다냐?' 이런 마음들이 서로 오고 갈 것입니다. 그러면서 서로의 옷깃을 잡아끌거나 투덜거리는 장면이 예상되는 횡단이지요. 두 다리를 묶고 있는 보이지 않는 끈이 서로를 너무 조여서 마음에 상처를 내면서도 말입니다. 하지만 성취의 기쁨은 갈등 해소의 기쁨을 가지고 옵니다. 그래서 디브리핑을 할 때 성취의 계기가 된 핵심 장면 (교사의 순간영상 포착이 필요한 순간입니다.), 마지막 전체가 성공하였을 때의 성취 기쁨을 맛보았던 순간, 친구들의 소중함 등에 대하여 이야기 나누며 마무리 합니다.

- 학생들의 걷는 모습을 살펴보면 해결 방법이 각양각색입니다. 친구 발등 위에 내 발 얹어서 가기, 횡이 아난 종으로 서서 한 발씩 앞에서부터 떼고 나머지 순차적으로 발 떼기, 발에 번호를 붙인 후 짝수 홀수 순으로 움직여가기, 점프를 해서 가지 등 저마다 다른 해결책을 제시합니다. 그리고 실패를 하더라도 한 가지씩 해보면서 도전과제를 해결해 나갑니다.

- 갈등의 상황에 있는 집단이나 구성원간의 결집이 필요한 집단에게 제안할 수 있는 활동입니다. 어떤 대상 집단은 순간적으로 문제를 해결하기도 하지만 대상에 따라서는 서로 서로 의견 제시만 있고 자연스러운 이동이 안 되기도 한답니다. 평상시에는 내성적인 친구, 엉뚱한 친구, 장난만 치던 학생들이 번쩍이는 아이디어를 내기도 합니다.

각 자 내는 아이디어는 모두 해보게 합니다. 여러 번의 착오를 거치면서 한 발 한 발 내딛게 됩니다.

- 활동을 마치고 나서 자신이 팀 안에서 어떤 역할을 하였는지, 그리고 발이 떨어져 다시 시작할 때의 기분이 어떠했는지, 서로 이야기를 나누어 봅니다. 또는 성취의 기쁨을 느꼈던 또 다른 경험, 앞으로 삶의 자세 등에 대하여 대화하면서 마무리를 한다면 작은 활동 끝에 큰 결실을 맺을 수 있을 것입니다.
- 목표지점에 도달했을 때의 기분을 4글자로 표현하게 합니다. 앞 사람이 한 말과 중복되어서는 안 됩니다.

Tip 디브리핑을 위한 질문 예시

1 나는 문제 해결을 하기 위해 어떤 의견을 냈나요? 그리고 서로 각자의 임무에 충실했나요?

2 목적지에 도착했을 때 어떤 느낌이었나요?

3 다른 사람들이 의견을 낼 때 나는 상대방의 의견에 귀를 기울였나요? 평상시 의견을 많이 내는 편인가요?

4 실수한 사람을 비난하거나 섭섭한 적은 없었나요? 있다면 왜 그랬을까요?

5 발이 떨어져 다시 시작할 때의 기분은 어떠했나요?

6 여러 번의 실패를 한 후 성공한 경험이 있나요? 소개를 해주세요.

7 올해 함께(친구들, 가족들) 이루고 싶은 과제가 있나요?

❶ 처음에는 시간제한을 두지 않았다가 마지막 전체가 할 때 전체가 원하는 경우에 시간을 재거나 거리를 넓혀 봅니다.

❷ 세 명이 1조가 되어도 됩니다. 이때 가운데 사람이 안대를 쓰고 양 옆 사람이 안대를 쓰지 않은 상태에서 의사소통을 통해 목적지까지 가는 방법입니다.

❸ 세 명이 1조인 경우, 고리 모양의 줄을 2개 줍니다. 줄을 떨어뜨리지 않고 도착선까지 이동하는 것입니다. 줄을 손으로 만지지 않고, 땅에 닿지 않고 가는 것이 도전거리입니다. 맨 처음 시범으로 줄을 두 사람 사이에 걸고 가는 모습을 보여줍니다. 도전에 성공하면 차츰 인원수를 늘려 가면 됩니다.

32

다함께 일어서

문제를 해결하는 모험놀이상담

성공하기, 협동심 기르기: 성공을 위한 협동심 기르기

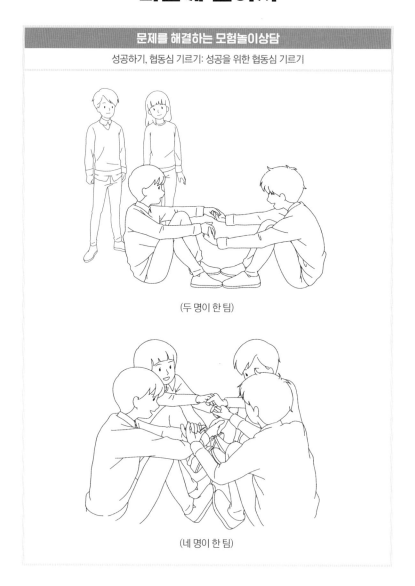

(두 명이 한 팀)

(네 명이 한 팀)

세상에는 혼자 힘으로 할 수 있는 일도 있지만, 각자가 가진 힘을 모아
함께 해내야 하는 일도 있습니다. 그러한 일은 보다 큰 기쁨을 가져다줍니다.
다 함께 일어나는 일 역시 그러합니다.

- **활동목표**: 서로의 힘과 지혜를 모아 함께 일어서는 활동
- **장소**: 교실 또는 운동장
- **준비물**: 없음
- **적정인원**: 8~30명
- **소요시간**: 20분~40분

시작에 앞서

두 명이 손을 맞잡고 동시에 일어나는 일은 참 쉽습니다. 하지만 모두가
함께 손을 맞잡고 동시에 일어나는 일은 어렵습니다. 설혹 방법을 알고
있다고 해도 동시에 일어나기는 쉽지 않습니다. 이것은 경험해 보아야
알 일입니다. 함께 일어서며 그러한 경험을 해 볼까요?

진행하기

❶ 2명씩 짝을 이루고 바닥에 엉덩이를 붙이고 앉게 합니다.
❷ 서로 손을 잡고 발바닥이 바닥에 닿으면서 서로의 발 앞코가 닿게 합
니다.

❸ 준비가 된 팀은 각 팀별로 동시에 일어서서 5초 동안 발바닥이 바닥에서 떨어지지 않도록 합니다.

❹ 이때의 규칙은 3가지로 발바닥과 엉덩이를 바닥에 붙이고, 동시에 일어서며, 일어서서 5초 동안 발이 바닥에서 떨어지지 않아야 한다는 것을 다시 알려 줍니다.

❺ 2명이 성공하면 서로 짝을 바꾸어 실시해 봅니다.

❻ 이어서 3명, 4명, 6명으로 인원수를 늘려가며 서로 짝을 바꾸어 실시해 봅니다.

❼ 8명부터는 함께 일어서기가 힘들어질 수 있습니다. 이때에는 문제를 해결할 수 있도록 서로 논의하는 시간을 부여합니다.

❽ 마지막 단계에서는 전체가 규칙을 지키며 동시에 일어서는 시도를 합니다.

❾ 참가자의 연령이나 난이도를 고려하여 적절한 힌트를 제공합니다.

촉진노트

• 처음에는 참가자들이 서로 체구가 비슷한 사람끼리 짝을 짓게 하는 것이 좋습니다. 이렇게 하는 것이 좀 더 쉽게 성공할 수 있게 만들기 때문입니다. 몇 명이 활동에 성공하게 되면 짝을 바꾸어 실시합니다. 이것은 쉬운 단계에서 여러 사람에게 성공의 경험을 제공하며, 도전할 수 있는 마음을 먹게 만듭니다. 그리고 조금씩 체구가 다르거나 성별이 달라 힘쓰는 정도가 틀려도 일어날 수 있다는 경험을 제공하여

신체적 능력에 대한 고정관념을 없애 줍니다. 이러한 단계적인 접근은 최종적으로 모두가 다함께 일어설 수 있다는 가능성을 인식하게 하며, 방법을 찾아 도전하게 만듭니다.

- 활동을 하다 보면 참가자들이 중심을 잃고 쓰러지는 경우가 생길 수 있습니다. 3명이 될 때부터 이 점에 대해 안내를 하여 참가자들이 마음의 준비를 하여 다치지 않도록 조심하게 합니다. 그리고 참가자들의 연령이 어릴수록 딱딱한 바닥보다는 부드러운 잔디나 마룻바닥, 매트 위에서 실시할 수 있게 하면 좋습니다.

- 다함께 일어서는 인원이 늘어날수록 성공까지 걸리는 시간이 오래 걸리게 됩니다. 이 과정에서 참가자들은 여러 가지 방법을 생각하게 되며, 수학 시간에 배운 내용까지 동원하기도 합니다. 이때 중요한 점은 참가자들이 서로 인내하고 협력해야 함을 스스로 느끼고, 다양한 시도를 하며, 다른 사람의 이야기를 경청하는 것이 문제해결에 도움이 됨을 느끼게 만드는 것입니다. 이를 위해서는 촉진자가 참가자들에게 많은 도움을 주기보다 참고 기다리며, 적절한 순간에 참가자들이 보지 못한 사소한 부분 정도만 알려주는 것이 바람직합니다. 또한 서로 비난하기보다 목표를 위해 서로 소통하고 협력하는 것이 좋음을 상기시켜 주기만 합니다.

- 이 활동은 대그룹에서도 할 수 있는데, 이때는 반드시 자신의 발은 서로 떨어져도 자신과 다른 사람의 발은 모두 접촉된 상태에서 동시에 일어나게 해야 합니다. 이러한 방법 또한 최초의 3가지 규칙 범주에 들어가는 것입니다.

- 다함께 일어서라는 활동은 고전적인 활동이지만 현재까지 사랑받는 활동입니다. 이 활동이 진행되는 동안 촉진자는 참가자들의 다양한 모습과 리더가 만들어지고 선택되어지는 과정에서 그들의 말과 행동을 관찰할 수 있습니다. 또한 집단이 성공으로 나아가는 전체 과정과 부분적인 모습들을 모두 관찰할 수 있습니다.

- 초기 소수의 사람이 다함께 일어서는 과정을 넘어 다수가 다함께 일어서는 과정에서 참가자들은 예외 없이 실패를 경험하게 됩니다. 이때 기존 의견을 보완한 의견이나 새로운 의견들이 쏟아져 나옵니다. 그러한 의견들 중에서 방법적으로 가능성이 낮은 의견이 채택되기도 하며, 가능성만을 고려한 의견이 채택되기도 합니다. 반면 목소리가 큰 사람의 의견이 채택되기도 하며, 다른 사람들을 배려하는 말을 하는 사람의 의견이 채택되기도 합니다. 그리고 시도하게 됩니다. 이때 의견을 주도하는 사람이 생기게 되며, 이를 지지하는 사람들이 생기게 됩니다. 이러한 사람들의 말과 행동을 유심히 살펴 그러한 행동들이 참가자들의 참여행동에 어떤 영향을 미쳤는지 살펴볼 수 있습니다. 질문을 통한 디브리핑을 넘어 관찰 내용과 결합된 디브리핑으로 나아갈 수 있는 문제해결활동의 전형적인 사례가 다함께 일어서라는 활동입니다.

- 다함께 일어서라는 활동은 집단의 역동을 살펴볼 수 있는 활동입니다. 집단이 문제를 해결해 나가는 과정에서 작은 성공을 경험한 친구들의 목소리가 커지고 지지를 받는 상황을 목격할 수도 있습니다. 그

리고 시도에 따른 실패의 장단점을 따져 새로운 시도를 하는 참가자가 나타나기도 합니다. 이러한 작은 움직임과 목소리가 모여 하나의 분위기를 형성하게 됩니다. 새로운 방법의 시도를 거침없이 해 내거나 실패할지라도 시도해보는 분위기가 형성되어 가는 집단이 보다 빨리 성공에 이르게 되는 모습을 자주 보게 됩니다. 실패보다 도전에 무게 중심을 두고 행동하는 모습을 관찰하고, 이를 참가자들에게 설명할 때면 참가자들이 또 다른 학급활동 등에서 보다 빨리 성공에 이를 것이라는 짐작을 하게 만듭니다. 이러한 관찰 결과를 설명하고 그러한 도전이 긍정적이 영향을 미친다는 것을 참가자들이 알아가도록 대화를 이끈다면 건설적으로 도전하는 집단을 만들어 줄 것입니다.

Tip 디브리핑을 위한 질문 예시

1 어떻게 성공하였으며, 결정적 해결방법을 제시한 사람은 누구인가요?

2 우리에게 리더가 필요한 이유는 무엇일까요?

3 도전하는 과정에 자신은 어떤 역할을 하였나요?

4 다함께 일어서는 활동을 규칙대로 성공할 수 있었던 요인은 무엇인가요?

5 왠지 안 될 것 같다는 생각을 조금이라도 가져본 적 있나요? 부정적인 생각이 행동에 어떤 영향을 주었다고 생각하나요?

6 지금과 같은 성취의 기쁨을 일상생활에서 누리기 위해서는 어떤 태도가 필요할까요?

제약 조건 부여하기

❶ 참가자 중 몇 명에게 제약 조건을 부여할 수 있습니다. 주먹을 쥐고 펴지 못하게 하거나, 한 손을 사용하지 못하게 하거나, 한 발은 땅에 닿지 않게 하는 등의 제약 조건을 제시합니다.

❷ 제약 조건의 제시는 집단의 성숙 정도나 친밀한 정도에 따라 적절한 수준을 유지해야 합니다.

규칙 바꾸기 : 등을 맞대고 일어서기

❶ 바닥에 엉덩이를 대고 시작하며, 서로의 등이 일부라도 모두 닿게 하여 모든 사람들의 등이 연결되도록 규칙을 변경하여 시도해 볼 수 있습니다.

❷ 이 방법은 바닥이 미끄럽지 않은 곳에서 하는 것이 좋습니다.

33

전기가 찌르르

'전기가 찌르르' 활동은 간단한 스킨십을 통해서
말로 하지 않고도 의사를 전달하는 활동입니다.

- **활동목표**: 협력, 접촉-집중력, 재미를 느끼면서 자기의 책임 자각, 실수에 대한 이해의 경험 가지기
- **장소**: 실내(교실)와 실외
- **준비물**: 동전, 인형(뿅망치 또는 부드러운 공)
- **적정인원**: 10~30명
- **소요시간**: 20분

"여러분은 친구의 손을 잡아본 적이 있나요? 부모님이 여러분을 안아주고 손을 잡고 이야기하면 부모님의 사랑이 여러분에게 전달되는 것을 느낄 수 있습니다. 그것은 손을 통해 전달되는 따스함이 마음으로 느껴지기 때문입니다." 친구들 사이의 따뜻함은 우리가 전기에 감전되었을 때 느끼는 짜릿함과는 분명히 다를 것입니다. 이제 인간 전기의 전달법은 어떠한 것인지 같이 경험해 볼까요?

진행하기

❶ 인원수가 같게 나눈 두 팀을 2열 종대로 서로 마주 보고 앉게 합니다. 나눌 때는 여러 가지 방법을 쓸 수 있겠지요. 좋아하는 계절에 따라(예: 여름, 겨울) 나눈다거나 성별로 묶을 수도 있고, 모둠별로 나눌수도 있고 나누는 방법은 상황에 따라, 구성원의 특성에 따라 나누면 됩니다.

❷ 앞과 뒤를 정한 후 양 팀의 맨 끝에 앉은 두 사람 사이에 인형을 놓습니다. 이때 인형대신 뿅망치를 놓을 수도 있습니다. 뿅망치는 아이들이 무척 좋아하는 도구입니다.

❸ 먼저 2줄로 앉은 상태에서 옆 사람 손을 잡게 한 뒤 전기를 보내는 것을 연습해 봅니다. 전기를 보내는 모습은 옆 사람의 손을 잡고 꼭 눌러주는 것입니다. 앞 사람에게 전기를 받으면 뒷사람에게 보내는

것이지요. 이 전기가 끝까지 간 경우 마지막에 있는 사람이 손을 들어 전기의 전달을 확인합니다.

❹ 전기 보내는 연습을 2-3회 해본 뒤 양 팀의 맨 앞 사람 사이에 교사(진행자)가 앉습니다. 규칙은 맨 앞 사람들만 알 수 있게 설명합니다. 다른 사람들은 모르게 합니다. 동전을 가지고 앞면(그림이 그려진 부분)과 뒷면(수가 새겨진 부분)에 대한 차이점을 설명하지요. "교사가 자기 손바닥에 동전을 던져서 받은 뒤 앞면을 보여주면 전기를 보내지 않고 뒷면이 나오면 전기를 보내세요."라고 말입니다.

❺ 맨 앞사람을 제외한 모든 사람은 눈을 감고 옆 사람과 손을 잡습니다. 눈을 감은 이유는 손바닥의 촉감에 집중하기 위해서입니다.

❻ 교사가 동전을 던져 지정된 뒷면이 나오면 맨 앞 사람은 신호를 옆 사람에게 재빨리 보냅니다. 맨 끝에 앉은 사람까지 신호가 전달되면 그 사람은 공이나 인형을 재빨리 잡습니다. 뿅망치를 잡은 경우, 뿅망

치로 상대방의 허벅지나 다리를 가볍게 치는 것으로 합니다.

❼ 인형을 늦게 잡은 팀의 맨 끝 사람은 맨 앞자리로 옮기고 (물론 잡은 팀
은 그대로 자리를 지킵니다.) 역할을 바꾸어 봅니다. 즉 진 팀은 맨 뒷사
람이 앞으로 오면서 한 칸씩 자리를 뒤쪽으로 이동합니다.

❽ 이 활동을 계속 반복해서 실시합니다. 이렇게 하여 두 팀 중에서 먼
저 원래 위치(처음 시작했을 때의 대형)로 오는 팀이 있는데 이 팀이 최
종적으로 지는 팀이 됩니다.

촉진노트

• 뿅망치를 이용한 경우 먼저 잡은 사람이 상대편을 때리는 것인데 이
때 주의할 점은 뿅망치의 소리를 즐기기 위해 머리를 때리거나 너무
세게 때리면 안 된다는 것을 미리 이야기해야 합니다.

- 전기를 보내다보면 잘못된 전기를 보내는 경우가 생긴답니다. 전기를 보내지 않는 경우도 생길 수 있습니다. 이런 경우는 마음이 앞서거나 혹은 감각이 느린 친구들에게서 나타나는 일인데 지도자는 이런 순간에 유머러스하게 넘길 수 있는 여유가 있어야 합니다. 친구들이 긴장감과 승부욕으로 인해 감정이 과열될 수도 있으니까요.

- 활동을 하다보면 어느 팀이 계속해서 이기는 경우가 생깁니다. 이때는 지는 팀에게 잘하는 팀의 시범을 보여주어도 좋습니다. 잠시 활동을 멈추고 물어봅니다. 빠른 비결이 무엇이냐고, 또 왜 늦는 것 같으냐고, 서로 의견을 나누어 보라고 말입니다. 그리고 난 후 연습해 볼 있도록 시간을 줍니다. 자리를 바꾸겠다고 이야기하는 경우도 있습니다. 어떤 경우든 의견을 내고 이야기하는 것이 바람직합니다. 물론 우리 활동의 목적이 경쟁이 아니라 팀의 단합과 결집을 통해 순간 집중력을 높이는 활동이라는 것을 한 번 더 설명 해주시면서 규칙을 지키게 하는 것이 필요하겠습니다.

디브리핑

- 요사이는 친한 친구들끼리 손을 잡고 다니는 경우가 흔치 않습니다. 친구의 손을 잡았을 때 어떤 느낌이 전달되어 오는지 느낌을 나눠 볼 수 있습니다. 또는 나의 실수로 졌을 때의 나의 마음, 친구의 실수에 대한 나의 느낌을 말해보면서 서로의 생각과 마음을 확인해 볼 수도 있습니다.

- 이 활동의 목적은 경쟁이 아니고 재미이고 소통입니다. 우리 학생들이 모든 활동이나 재밌는 놀이를 할 때 결과를 중요시 여기고 경쟁에 익숙해져 있습니다. 그러다 보니 활동이 끝나면 진 팀은 원망 섞인 소리가 나오면서 아이들은 "더해요!"라는 답이 맨 처음 나오게 됩니다. 때려보지 못하거나 맞은 경험이 있는 친구들, 혹은 게임에서 진 것으로 느끼는 아이들에겐 아쉬울 수밖에 없습니다. 이긴 팀은 환호성이 나오고 하지요. 이때 교사가 이 활동의 의미가 무엇인지 촉진하는 활동이 필요합니다. 처음에는 서로 손을 안 잡으려고 했던 아이들이 이제는 강하고 힘센 전기를 보내고자 서로에게 꼭 잡으라고 주문을 하기도 하고 전기를 너무 세게 보내서 손엔 땀이 묻어있기도 합니다. 친구들과 이렇게 오랫동안 손을 잡은 경험이 있냐고 물어보면 대부분의 아이들은 없다고 합니다. 이땐 아이들에게 친구의 손을 잡은 느낌이 어떠냐고 물어보면 아이들은 "더워요, 땀나요……."라고 이야기를 한답니다. 사실 손을 잡은 느낌을 묻는 그 순간 생각을 정리하게 되지요. 왜냐하면 전기게임을 할 때에는 상황이 주는 긴장감으로 손을 잡은 느낌이 무엇인지 느낄 수가 없었거든요. 이 활동의 목적은 재미와 친밀감 형성, 더 나아가서는 상호간의 의사소통 능력의 향상도 있습니다. 우리는 손을 잡고 손으로 전기를 보내면서 우리의 마음을 옆 친구에게 보낸 것입니다. 손을 꼭 누를 때 보내는 나의 마음 '○○야 확실히 보냈으니 너도 확실히 보내줄래'라는 무언의 표현이지요. 우리는 그 느낌을 통해서 의사소통을 이루어내는 것입니다.
- 말로 하지 않지만 의사를 전달하고 표현하는 전기게임, 이는 간단한 스킨십을 통해서도 가능하다는 것을 보여주지요. 서로 손을 잡는 경

험은 상호간의 친밀감을 높이는 소중한 경험을 갖게 합니다. 재미와 친밀감, 그리고 많은 기회의 의사소통. 정말 재미있지 않을까요?

Tip 디브리핑을 위한 질문 예시

1 빠르게 전기를 전달할 수 있었던 팀의 비결은 무엇인가요?

2 느리게 전기를 보낸 팀은 그 이유가 무엇인가요?

3 전기를 보내기 위해 친구의 손을 잡았을 때의 느낌을 말해 보아요.

4 나의 실수로 졌을 때의 나의 마음과 친구의 실수에 대한 나의 마음은 어떻게 다른가요?

5 서로 말을 하지 않고도 의사소통을 하였던 경험이 있었나요? 그러면 그 성공비결은 무엇인가요?

6 좀 더 보충하고 싶은 내용이 있나요?

7 활동하면서 느낀 점은 무엇인가요? 또 아쉬웠던 점은 있었나요?

한 발 더 들어가기

❶ 서로 마주보고 앉지 않고 원으로 둥글게 앉아서 할 수 있습니다. 서로 출발지점을 정한 후 전기를 보내는 것입니다.

❷ 손을 잡고 전기를 보내는 대신에 간단한 소품을 사용해도 됩니다. 다음 사람에게 손으로 보내는 전기 대신 인형을 넘기는 것입니다. 또 여름에는 컵에 물을 담아서 보내는 것도 물 풍선도 재미있습니다.

❸ 전기 대신 자신의 꿈 말하기, 옆 사람 이름 말하기, 해당과목 수업시

간에 배운 키워드 말하기, 친구 이름을 교사가 이야기하면 연상되는 느낌 말하기. 단, 부정적이고 마음을 공격하는 것은 안 된다고 이야기합니다. 특정 단어, 예를 들어 우리 반, 봄 등을 들었을 때 떠오르는 이미지 연상해서 말하기 등 다양한 소재와 주제를 가지고 활동할 수 있습니다.

34

동전을 찾아라

문제를 해결하는 모험놀이상담

단점 극복하기: 마음속 비밀 가볍게 털어내기

본 활동은 야바위와는 다르게 한 팀이 동전을 손에 숨기면 상대 팀이 찾는 활동이고,
모두가 협력하여 전술과 전략을 펼쳐야 하는 활동입니다.
협력을 통해 재미를 더해갈 수 있습니다.

- **활동목표:** 상대 팀이 손에 숨긴 동전의 위치를 찾는 활동

- **장소:** 교실 또는 운동장

- **준비물:** 동전, 탁자

- **적정인원:** 6~20명

- **소요시간:** 10분~20분

동전을 찾아라 활동은 책상 아래에서 동전을 서로 넘겨주다 책상위로 손을 올리고 손바닥에 품은 동전과 함께 책상을 치면 상대팀이 이 동전의 위치를 맞추는 활동입니다. 의도된 표정과 의도된 속임수, 시치미까지 파악하여야 하는 팀 대항 놀이입니다. 의도된 속임수를 파악하는 것이야말로 흥미진진 그 자체가 될 것입니다.

진행하기

❶ 참가자들을 두 팀으로 나누고, 탁자에 마주보고 앉아 팀의 리더와 공격팀과 방어팀을 정합니다.

❷ 2글자 정도로 짧은 팀 구호를 정합니다.

❸ 동전 숨기기 과정을 맡은 방어팀은 탁자 밑으로 손을 내리고 상대팀 몰래 서로 동전을 주고받아 동전을 숨길 사람을 정합니다.

❹ 팀 리더가 '구호! Up!'이라고 외치면 팀원 모두가 주먹을 쥐고, 탁자 위에 팔꿈치를 동시에 대면서 '얍!'이라고 함께 외칩니다.

❺ 팀 리더가 '구호! Down!'이라고 외치면 팀원 모두가 동시에 손바닥을 펴면서 탁자를 손바닥으로 치면서 '얍!'이라고 외칩니다. 이때 동전이 탁자와 부딪히는 소리를 감출 수 있게 합니다.

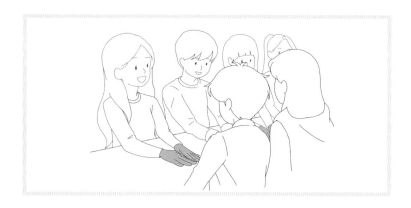

❻ 동전 찾기 과정을 맡은 공격팀은 서로 상의하여 상대 팀의 손을 2개 지적하면, 방어팀은 손바닥을 바닥에 붙인 채로 위아래로 조금 움직여 보입니다.

❼ 공격팀은 이제 2번의 맞출 기회를 가집니다. 만약 동전이 누구의 어느 쪽 손에 있는지 맞추면 역할을 바꿉니다.

- 초등학생이나 중학생은 의도된 속임수를 구현하는데 아직은 초보 수준일 것입니다. 따라서 헐리웃 액션이나 변함없는 표정연기와 같은 몇 가지 수단을 적절한 순간에 알려주면 활동이 보다 생동감 있게 변합니다.
- '구호! Down!' 신호에 다함께 '얍!'을 외칠 때 동전이 탁자와 부닥치는 소리를 감추어야 합니다. 하지만 이를 실패하는 학생들이 더러 있습니다. 이를 위해 활동 방법 안내 후 연습할 수 있는 시간을 부여할 수도 있으며, 소리를 감추기 위해 책상을 보다 세게 치거나 소리를 크게 지르게 할 수 있습니다. 이처럼 과도한 소리와 행동은 활동에 재미

를 더하지만 옆 교실에까지 크게 소리가 퍼지는 상황이 발생합니다. 따라서 '동전을 찾아라' 활동은 방음 시설이 갖추어진 특별실이나 방과 후에 실시하면 보다 자유롭게 활동을 이끌어갈 수 있습니다.

• '동전을 찾아라' 활동은 온갖 헐리웃 액션을 자연스럽게 뽐내는 참가자와 매우 소극적인 참가자가 서로 협력하는 모습을 볼 수 있는 활동입니다. 팀의 승리를 위해 소극적인 참가자를 이끌어 주는 참여자의 모습을 볼 수 있습니다. 이러한 노력의 결과는 자리 배치 순서 바꾸기, 헐리웃 액션에 능한 참가자의 바로 옆 사람이 동전 숨기기 등의 의외의 결과 유도하기, 과도한 소리와 행동의 타이밍을 일치시키기 등의 모습으로 나타납니다. 바꾸어 말하면 촉진자는 참가자들의 그러한 행동을 응원하고 지지하면 된다는 뜻이 됩니다.

디브리핑

• 디브리핑을 위해서 촉진자는 활동 내용과 관련된 적절한 질문을 할 수도 있지만 관찰한 내용에 대해 칭찬하고 친구들에게 그러한 친구의 본받을 점이 무엇인지 물어볼 수도 있습니다. 우리 팀에 기여한 친구가 어떤 점에 기여했는지를 묻고, 그러한 기여는 어떤 점에서 좋았는지를 물어 보세요. 촉진자의 칭찬보다 친구들의 칭찬은 집단의 분위기를 보다 긍정적으로 바꿀 것입니다.

• 동전이 자기 손에 오는 것을 무척이나 부담스러워 하는 친구들이 더러 있습니다. 이러한 친구들은 상대팀보다 동료들이 눈치 주는 것을

더 꺼려하는 것 같습니다. 이때 이러한 상황을 어떻게 해결하면 좋을지 모두에게 물어봐 주세요. 어떤 방법으로 도와줄 수 있을지 물어봐 주세요. 그러한 친구들의 모습을 있는 그대로 보아주고, 오히려 그러한 상황을 역이용하여 함께 협력적인 속임수 기술을 발휘하는데 동참시키는 방법도 가능할 것입니다. 어떻게 그러한 친구가 자신의 모습을 바꾸지 않고도 팀에 기여하게 할 수 있는지 물어보면 생각하지 못한 방법이 찾아질 수 있습니다.

Tip 디브리핑을 위한 질문 예시

1 동전이 자기 손에 왔을 때 어떤 느낌이 들었나요? 혹시 부담스러웠다면 왜 부담스러웠는지 말해 주실래요?

2 동전이 나에게 왔으면 했던 사람이 있나요? 왜 그런 생각이 들었나요?

3 팀이 마음이 딱 맞는구나 하고 느꼈던 순간이 있었나요? 왜 그러한 생각이 들었나요?

4 소리가 딱딱 맞았을 때 어떤 느낌이 들었나요?

5 자기가 지적한 사람이 동전을 가지고 있었던 적 있나요? 어떤 느낌이고, 어떻게 맞출 수 있었나요?

6 동전을 찾아내는 방법들에 어떤 것들이 있었나요?

7 활동을 하면서 온갖 아이디어를 내는 사람을 보면 어떤 생각이 드나요?

8 누가 제일 헐리웃 액션이나 연기력이 뛰어났나요?

동전 대신 다른 도구 사용하기

❶ 동전은 탁자와 부딪힐 때 대개 소리가 크게 납니다. 반대로 어떤 탁자는 소리가 잘 안나는 것들도 있습니다. 또한 초등학생처럼 소리를 감추는 능력이 낮을 것으로 예상되는 참가자도 있습니다. 이럴 때는 쇠로 된 동전 대신 플라스틱 동전이나 다른 물건을 사용할 수 있습니다.

❷ 동전 대신 다른 도구를 사용하더라도 기본적으로 소리를 작게 내는 방법은 연습이 필요할 수 있습니다.

35

쉿, 비밀놀이 해본 적 있나요

문제를 해결하는 모험놀이상담

단점 극복하기: 마음속 비밀 가볍게 털어내기

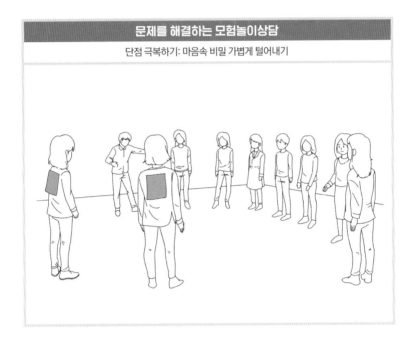

'쉿, 비밀놀이 해본 적 있나요' 모험놀이는 모두 동그랗게 둘러앉아 술래가
자신의 경험을 말하면 똑같은 경험을 한 사람은 자리를 이동하는 활동입니다.

- **활동목표**: 자신이 경험한 것들을 말해보고, 자신을 개방하면서 친근감 형성
  하기
- **장소**: 실내(교실) 또는 실외(운동장)
- **준비물**: 의자(인원 수 만큼) 혹은 깔판(인원수), 술래 자리를 표시할 깔판
- **적정인원**: 10~30명
- **소요시간**: 10분~30분

원형으로 모인 사람들 가운데 한 사람의 술래(고백자)가 가운데 서서 자신의 경험을 말할 때, 같은 경험을 해본 적 있는 사람들이 모두 자기 자리에서 일어나 다른 자리로 옮겨 가는 활동입니다.

활동을 시작하면, 정말 놀라운 일이 벌어집니다. 마치 10초의 기적을 보는 것 같습니다. 아이들은 나와 같은 경험을 하고 있는 친구가 있다는 사실이 문득 위로가 되고 힘을 얻게 됩니다. "슬픔은 나누면 반이 되고, 기쁨은 나누면 배가 된다"는 옛 말처럼 '나눔'에는 힘이 있습니다. 여기서는 자신이 경험했던 아름다운 추억과 말하기 어려웠던 추억들을 발표하여 자기와 똑같은 경험의 소유자를 찾게 됨으로써 위로를 받고 위로를 해주는 치유의 시간과 경험을 하게 됩니다.

진행하기

❶ 각자 자리를 차지하고(의자나 앉거나 깔판에 서서) 원으로 섭니다.
❷ 술래는 원 가운데 (깔판 등으로) 표시된 자리에 섭니다. 이 자리의 이름은 '고백의 자리', '용서의 자리'라 부릅니다.
❸ 술래가 된 사람은 "나는 ~해본 적이 있다"는 문장을 완성해서 말합니다.
  - 나는 혼자 지하철 2호선을 타 본적이 있다.
  - 나는 늦잠을 자서 지각을 한 적이 있다.
  - 나는 수업시간에 엎드려 잔 적이 있다.

- 나는 엄마 몰래 엄마 지갑에서 돈을 꺼낸 적이 있다.

- 나는 학원을 빼먹은 적이 있다.

❹ 술래가 자기 경험을 말하면, 같은 경험을 해 본 사람은 가운데 술래가 서 있던 '고백의 자리'를 밟고 자기가 있던 자리 말고 다른 자리로 갑니다. 이때 술래는 사람들이 이동하면서 생기는 빈자리로 가서 자리를 차지합니다. 빠른 경보로 움직여야 합니다. 물론 활동이 진행될수록 뛰는 모습을 보이나 안전의 문제로 경보, 경보를 강조합니다. 또한 이동시 바로 옆자리로의 이동은 안 됩니다.

❺ 움직임이 끝나고, 자리를 못 차지한 사람 한 명이 자연스럽게 다음 술래가 됩니다.

❻ 새로 술래가 된 사람이 "나는 ~해본 적이 있다"고 새로운 고백을 하면 활동이 계속됩니다.

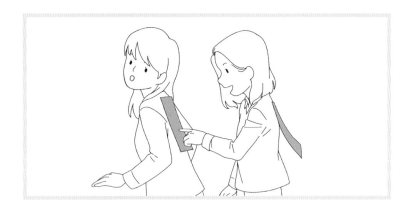

❼ 활동을 끝내야 될 시점이 되면, 진행자는 그동안 술래를 안 했던 사람들도 술래가 되어 경험을 나눌 수 있도록 지목할 수 있습니다.

- 이 활동으로 얻고자 하는 주요 가치는 낮은 단계에서는 재미있는 경험과 서로의 습관을, 빠르게 움직이고 빈자리를 찾아가며 느껴지는 즐거움, 부딪히지 않기 위해 노력하는 타인에 대한 배려와 친구의 이야기를 집중하여 듣는 집중력 그리고 부끄러운 일이나 감추고 싶은 자신의 경험을 앞에서 공개하는 용기 등입니다. 이야기를 나누다 보면 평상시에는 쉽게 꺼낼 수 없는 이야기가 많이 나오게 됩니다. 가깝게는 습관의 중요성, 좋은 습관·나쁜 습관의 구별, 고치고 싶은 습관, 본받고 싶은 타인의 습관, 계속 유지하고 싶은 습관 등에 관하여 발문하고, 서로 이야기를 나누도록 합니다. 좀 더 깊은 이야기는 디브리핑 시 이야기의 주제가 됩니다.

- 이 활동은 뛰어 다니는 분위기 조성 활동을 몇 가지 거친 후 마음이 어느 정도 열린 상태에서 실시하는 것이 효과가 더 많습니다. 즉, 적극적인 상태일 때 실시하는 것이 좋습니다. 학년 초 개별상담 대신에 이 활동이 집단 상담으로서의 제 역할을 충분히 하게 되며 학생 상담의 자료의 창고가 됩니다. '안전' 문제는 굉장히 중요합니다. 활동이 본격적인 단계로 접어들면서 아이들은 몸을 날리다시피 뛰거나 팔을 휘두르거나 하면서 위험한 장면을 만들어 냅니다. 활동 시작 전에 충분히 '위험한 활동'임을 강조하세요. 자리를 차지하기 위해 다투면 친구가 다칠 수 있지만 '존중'하고 '배려'하면 안전하고 즐겁게 활동할 수 있다고 이야기하면 좋습니다.

- 방바닥이나 야외에 앉아서 한다면 깔판이 좋겠고, 교실에서는 의자로

대신할 수 있겠지요. 함께 하는 아이들의 숫자만큼 자리를 준비해야 합니다. 깔판은 장판이나 마우스패드 등 잘 미끄러지지 않는 것으로 마련하세요. 밟았을 때 미끄러우면 넘어지게 됩니다.

- 먼저 이 활동은 선생님이 준비하실 것이 있습니다. 고백의 내용을 낮은 단계에서 깊은 단계까지 미리 고백할 경험을 몇 가지 생각해 두면 좋습니다. 맨 처음에는 부담 없이 움직일 수 있는 고백을 준비합니다. 선생님께서 먼저 시작을 하여야 하니까요. 선생님이 처음 술래가 되어 "나는 학교에서 수업 시간에 졸아본 적이 있다"는 고백을 하신다면, 그 다음 술래가 되는 아이들에게서는 대체로 가볍고 웃음이 나는 고백을 들을 수 있겠지요. 이야기 나눔의 분위기가 한층 고조되었을 때 선생님이 본의 아니게 혹은 의도적으로 다시 술래가 됐을 때, "나는 친구(가족) 때문에 울어본 적이 있다", "나는 죽고 싶다는 생각을 해본 적이 있다"는 식의 고백을 준비했다가 할 수 있습니다. 이때 움직이는 아이들을 보면서 디브리핑 때 나눌 이야기 주제를 선정할 수 있게 됩니다.
- 활동을 한참 하다보면, 벌써 몇 번씩이나 술래가 된 아이들이 있는 반면에 한 번도 술래가 되지 않은 아이들도 보입니다. 이때 두 번 이상 술래가 된 사람이 다시 술래가 되면, 한 번도 술래가 안 된 사람 중에 한 사람을 술래로 지목하게 합니다. 아니면, 술래가 한 번도 안 되어본 아이 중 한 명을 시킬 수도 있겠지요. 적어도 한 번씩은 자기 고백을 할 기회를 주는 것도 소외되는 아이 없이 활동을 마무리할 수 있는 방법입니다. 가만히만 있던 아이도 이렇게 기회를 주면 마지못해 하는 듯 하면서 준비된 고백을 하는 모습을 보게 되거든요.
- 활동을 마치기 전에 아이들에게 꼭 나누고 싶은 경험이 있으면 나와

서 이야기해보라고 합니다. 도전활동의 마지막 단계에는 '더하고 싶은 사람 없나요'라고 마무리하는 것이 좋습니다.

디브리핑

• 이 활동은 학생 및 선생님에게 10초의 기적을 선물할 것입니다. 즐겁던 활동에 일정한 주제를 던지면 아이들은 이미 이 활동의 즐거움을 맛보았기 때문에 별다른 거부감 없이 주제에 대해 고민하는 모습을 보입니다.

"나는 친구와 싸워본 적이 있다."

"나는 100점 맞아 본 적이 있다."

"나는 술을 마셔본 적이 있다."

"나는 편의점에서 물건을 훔친 적이 있다."

"나는 집에 안 들어간 본 적이 있다."

"나는 성적표를 씹어 먹은 적이 있다."

"나는 아빠에게 골프채로 맞아 본 적이 있다."

이렇게 모두를 움직이게 하는 장난스런 고백부터, 고학년의 경우에는 다소 당황스러운 고백이 나오기도 합니다. 아이들의 입에서 쏟아져 나오는 다양한 경험들은 그 아이를 좀 더 잘 볼 수 있도록 해줍니다. 활동을 하면서 선생님과 아이들은 그동안 몰랐던 서로의 모습을 바라볼 수 있게 되지요. 마음에만 품어두고 있었기에 힘들었을 누군가에겐 이야기하고 싶었을 이 이야기를 자연스럽게 꺼내고 같은 경험을 한 친구들이 서로 이야기하고 웃고 놀라며 서로에 대해 좀 더 눈을 뜨게 됩니다. 이 활동은 학생들 및 교사에게도 서로 위로가 되고 새롭게 이해하게 되고 그러면서 새로운 관계를 맺게 되는 활동입니다. 다시 이야기를 이어봅니다.

- 선생님은 다시 묻습니다. 활동을 잠시 멈추고 질문을 던집니다. 방금 움직였던 아이들에게, 막 술래가 된 아이에게 "왜 그랬니?", "어떤 상황이었니?", "그래서 어떻게 됐니?"라고 물으면 아이들은 뜻밖에 열심히 대답합니다. 이미 자기가 그런 경험을 했다는 사실을 몸으로 드러내 보인 뒤라서 그렇겠지요. 그러면 다른 친구들도 같이 말을 보태고 행동으로 말합니다. "나는 ~더 했다고. 나는 게임을 너무 해서 부모님께 맞아 너무 화가 나서 전선줄로 목을 조였다고!"

- 서로들 자리에서 일어나 움직였을 때 이미 자신들의 경험에 대해 말할 준비가 돼 있었던 것이지요. 터져 나오는 이야기를 들으면서 교사는 마음과 몸이 아프고 어깨가 무거워집니다. "얼마나 힘들었을까, 얼마나 무서웠을까. 그런데도 학교를 나와서 아무렇지도 않게 수업을 했구나, 네 마음이 그랬구나" 하구요. 선생님과 아이들, 아이들 서로는 경험을 몸으로 뿐만 아니라 마음으로 대화를 나누었습니다. 이 활동만으로도 긴 시간 동안 즐겁고 진지하게 서로의 삶을 나누게 되는 것입니다.

- 학생들에게 부탁합니다. "○○에게 위로의 말과 동작을 말로 표현해보자고." 그리고 부탁합니다. "서로 어려운 일이 있을 때 참지 말고, 서로들 이야기해야 슬픔은 나누면 반이 된다고." 돌아가면서 힘들었던 고백을 어렵게 한 친구에게 말로 동작으로 응원하며 활동을 마무리합니다.

디브리핑을 위한 질문 예시

1 어떤 대답이 가장 기억에 남나요? 왜 그런가요?

2 혹시 움직이고 싶지 않은 질문이 있었나요? 그랬다면 왜 움직이기 싫었나요?

3 정말 궁금한데 질문하지 못한 것이 있나요? 있다면 지금 해보도록 합니다.

4 처음부터 끝까지 정직하게 활동했나요? 활동하지 못했다면 그 이유는 무엇인가요.

5 한 번도 술래가 되지 않았던 사람은? 그렇게 될 수 있었던 이유는 무엇인가요.

6 내가 받은 최고의 위로의 말은 무엇이었나요?

7 특별한 경험을 이야기했을 때 움직이는 사람이 없을 거라고 생각했는데 움직이는 사람이 있었다면 그 때 술래의 느낌은 어떠했나요?

한 발 더 들어가기

❶ 카드를 준비할 수 있습니다. 고백하기가 부끄럽거나 적절한 질문을 생각하지 못하는 경우 카드를 뽑아 그 카드에 적혀있는 내용을 질문하는 것입니다.

(예: 캠핑한 적 있나요? 나라 밖을 여행해본 적 있나요? 콘서트에 가 본 적이 있나요? 연기를 해 본 적이 있나요? 합창부나 오케스트라부에서 연주해본 적이 있나요? 자원봉사를 해 본 적이 있나요?)

36

사랑의 집게

'사랑의 집게' 모험놀이는 주어진 빨래집게를
일정한 구역 안에서 친구의 옷에 집는 활동입니다.

- **활동목표:** 자신이 재미와 친밀감, 긴장과 집중력, 양보의 미덕, 성격의 노출
- **장소:** 실내(교실) 또는 실외(운동장)
- **준비물:** 빨래집게-인원수×3(3가지색), 경계설정 로프
- **적정인원:** 10~20명
- **소요시간:** 10분~20분

빨래집게 세 개는 나에게 주어진 스트레스입니다. 이 스트레스를 빨리 처리하려고 합니다. 우린 종종 스스로 문제를 해결하기보다 무턱대고 남에게 문제를 전가시키거나 스트레스를 남에게 풀어버리는 수가 있지요. 그러나 그것은 바람직한 방법은 아닙니다. 하지만 지금 이 시간만큼은 아무 부담 없이 주어진 스트레스를 남에게 해결해 보세요. 나도 누군가의 희생물이 될 수도 있음을 명심하면서 말이지요. 그리고 잊지 마세요. 그 스트레스가 어떨 때는 내가 더 나날이 발전하는 이유가 될 것입니다.

진행하기

❶ 일정한 영역 안에서 집단 구성원에게 색이 서로 다른 세 개의 빨래집 게를 나눠줍니다. 예쁘고 다양한 색으로 흥미를 유발합니다.

❷ 경계선 안에서 참가자들이 자신은 다른 사람의 집게에 집히지 않기 위해 애쓰면서 세 개의 집게를 누군가의 등이나 소매(긴 소매 옷)에 집 어서 모두 없애는 활동입니다.

❸ 모두 처리한 사람은 구역 밖 안전지대로 나가 팔짱을 끼고, 여유 있 는 모습으로 활동하는 사람들을 바라봅니다. 자기 옷에 달린 집게는 건드리지 않습니다.

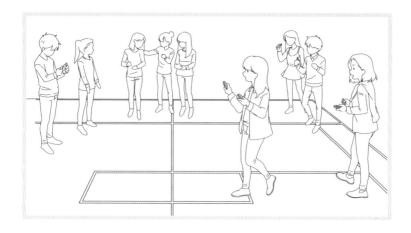

❹ 상대방의 옷에 집게를 처리한 후 집게가 5초 동안 움직이지 않으면 그 집게는 완전히 처리된 것입니다. 그 전에 떨어지면 다시 집어서 계속 처리해야 합니다. 옷을 손으로 잡거나 경계를 벗어나지 않아야 합니다.

❺ 집게가 모두 소비되면 등이나 소매에 집힌 집게 수를 헤아려 보며, 자연스럽게 마무리 재검토 활동을 실시합니다.

촉진노트

• 첫째도 둘째도 안전입니다. 그리고 규칙 준수. 그리고 적절한 발문을 통한 반성적인 되짚어 보기 입니다. 이러한 반성적 재검토는 꼭 해주어야 합니다. 교사도 함께 참여해 보는 것이 좋습니다. 모험 활동의 특징은 교사(촉진자)가 활동에 자연스럽게 시범을 보이면서 함께 참

여하여, 교사와 학생(참가자) 사이의 경계가 없는 활동입니다. 친밀감을 높이고 마음의 긴장 상태를 자연스럽게 해소한 후 소감나누기에 있어 학생들의 마음과 느낌을 자연스럽게 꺼내도록 안내하는 역할을 해주는 것이니까요.

• 학생들은 런닝맨 놀이를 할 때와 같이 자신의 등을 내주지 않으려고 교실 벽 쪽이나 운동장의 경우 땅에 누워 등을 대고 붙어 있으려 합니다. 3초 이상 머물면 안 된다고, 계속 움직여야 함을 말씀해 주세요. 또 안전을 위해 두 명이 한꺼번에 공격하는 것, 몸을 잡고 집게를 집으려고 하면 안 된다고 이야기해주세요. 활동이 시작되면 엄청나게 역동적이니 동작과 스릴 있는 상황을 만납니다. '나는 내 집게를 어떻게든 빨리 처리해야겠고, 내 등에 다른 사람의 집게가 집히는 것은 싫고' 그 딜레마를 계속 안은 채 이리 저리 움직입니다. 도망 다니는 것을 포기하고 자기 등을 모두에게 내주는 사람도 생기고, 자기 등에 친구가 꽂은 집게에 대하여 억울하다며 씩씩 거리며 항의하는 학생들도 있고, 자기에게 집게가 집혀도 별 거부반응 없이 받아들이는 학생들도 있고, 민첩한 움직임으로 집게를 처리하고 만세를 부르며 순식간에 안전지대 밖으로 나오는 사람들도 있습니다. 참으로 하나의 집게에 반응하는 학생들의 모습이 학생들에 따라 각각이 다르게 나타납니다. 교사는 관찰하면서 떨어진 집게를 다시 주워서 주인에게 주거나, 경계선으로 나오지 않도록 주의를 주고 나오면 벌칙으로 집게를 하나 더 주는 일을 해주는 것이 좋습니다.

• 각자의 등에 집혀 있는 빨래집게의 수와 활동 과정 중에 관찰한 내용을 가지고 되짚어 보기로 들어갑니다.

- 이 활동으로 얻고자 하는 주요 가치는 도전의 용기, 긍정 인생관 가지는 법, 스트레스가 가지는 장점, 스트레스 해소법 등입니다. 누군가에게 스트레스는 자존감과 자신감이 떨어지는 이유가 되고 또 다른 누군가에게는 발전의 동력이 되기도 합니다.

- 긍정적 인생관이 주는 긍정적 효과(긍정적 시각의 증가, 스트레스 해소)를 생각해 보도록 촉진합니다. 스트레스를 받는 상황은 어떤 것이 있으며 어떻게 해소를 하는지 돌아가면서 이야기 하거나, 비슷한 스트레스를 가진 사람들끼리, 아니면 혈액형이 같은 사람들끼리 모여서 스트레스 해소법을 토의하고 모둠별로 발표하게 합니다. 이야기를 나누면서 스트레스를 받는 상황에 대한 공통점과 해결책을 찾아나가면서 위로와 치유가 되는 경험을 하게 됩니다.

- 상처를 주고받고, 집게를 집고, 집히고. 비슷한 상황이지요. 자기 등에 집힌 집게를 세어보게 합니다. 돌아가면서 개수를 이야기하지요, 그런 다음에 "가장 많은 집게가 등에 집혀 있는 사람은 누구지요?" "1위가 몇 개 인가요?"라고 물은 뒤 소감을 묻고 난 뒤 질문을 이어서합니다. "왜 많이 집혔나요, 많이 집혔다는 이야기는 성격과 연관이 있을까요?"라고 물으면 이러한 질문에 참여자들은 "천천히 다녀서요. 제가 좀 느려요" 부터 "집게를 꽂는 것이 어려워요" 이 얘기 저 얘기 너도 나도 한마디씩 합니다.

  이때 교사가 던지는 한마디! 그것은 응원의 메시지겠지요. "자. 여기 모든 사람의 넉넉한 품이 되어준 일 등한 친구를 박수를 보내줍시다." 그리고 다른 학생들에게 묻습니다. 1등한 친구에게 해주고 싶은 말이 있다면 어떤 말이 있을까요?

• 이에 대해 학생들로부터 이런 대답이 나온다면 이 활동은 성공한 활동이 되는 것이지요. "이 ○○는 우리들의 스트레스를 가장 많이 받아주었어요. 그래서 죽어라고 뛰지 않았던 것 같아요"라는 대답. 그렇게 피드백을 하는 친구가 있다면 어떤 상황에서도 긍정의 마음으로 친구를 받아주는 이 친구 역시 박수 받을 이유가 생기게 됩니다. 친구들의 스트레스를 받아주는 편이었다는 것이 증명되었으니까요. 그러면 다시 물어봅니다. 등에 집게가 없거나 아주 적은 학생들은 어떤 사람인가요?

"이 친구는 자신의 해야 할 일이 무엇인지 알고 열심히, 최선을 다해 자기의 목표를 이루고자 열심히 노력했다고 봅니다. 다른 학교생활도 열심히 하고 다른 일도 목표가 주어지면 정말 열심히 하는 친구예요." 결국 '사랑의 집게'는 타인의 스트레스를 얼마나 허용하고 수용적으로 받아들여 주느냐 하는 '이웃에 대한 사랑'을 확인하는 집게이며, 단순한 놀이에 멈추는 것이 아니고 중요한 삶의 가치를 놀이를 통해 해석하고 나누는 것입니다. 그렇지 않으면 단순한 놀이가 되는 것입니다. 사실 이러한 비유나 통찰은 교사의 되짚어 보기 활동과 적절한 발문 없이는 불가능한 일이 됩니다. 물론 신나게 뛰어노는 사랑의 집게도 그냥 스릴있는 신선한 게임이 될 수도 있지만 말입니다.

1 지나치게 급하게 서둘러서 손해를 보거나 당황스러운 경험이 있나요?

2 빠르게 집게를 처리한 사람은 그 비결이 무엇인가요? 다른 일을 할 때도 행동이 빠르게 움직이나요?

3 남에게 집 내가 집히는 상황에서 나는 어떤 선택을 했나요? 실제 생활에서 이런 비슷한 갈등 상황이 발생한다면 어떻게 할 것인가요?

4 많이 집힌 사람, 적게 집힌 사람이 빨리 처리하여 밖으로 나온 사람들의 성격에 대하여 긍정적으로 평가해 보면 어떻게 말 할 수 있을까요?

5 집게를 스트레스가 아닌 다른 것으로 표현하면 무엇이 또 있을까요?

한 발 더 들어가기

❶ 모둠별로 나누어 활동해도 됩니다. 모둠별로 협의해 전략을 세워 활동합니다.

37

3차원 지뢰밭

'3차원 지뢰밭' 모험놀이는 안대를 쓰고 친구의 도움을 받아
장애물을 통과하여 목적지에 도착하는 활동입니다.

- **활동목표:** 의사소통, 긴장과 집중력, 경청
- **장소:** 교실 또는 운동장
- **준비물:** 경계선 줄, 안대, 인형, 부드러운 물건
- **적정인원:** 8~20명
- **소요시간:** 20분~30분

전쟁터에만 지뢰가 있는 것은 아니지요. 사실 우리가 살아가고 생활하는 여기, 지금도 우리가 인식하지 못하고 있는 지뢰는 곳곳에 놓여있습니다. 그게 무엇이냐고요?

그것은 바로 습관입니다. 나의 나쁜 습관을 줄여나가는 것은 환경의 도움을 받을 수도 있고, 친구의 도움을 받을 수도 있습니다. 나쁜 습관은 줄이고 좋은 습관은 친구와 함께 나누고 서로를 의지하며 문제를 해결하는 과정에서 믿음을 쌓아가는 활동입니다. 우리는 종종 해결하기 어려운 일에 부딪힙니다. 그 때 내가 믿고 의지할 수 있는 사람이 곁에 있어서 그 사람과 함께 서로 돕는다면 힘들더라도 용기를 내어 앞으로 나아갈 수 있겠지요. 여기서 그런 체험을 한 번 해 보겠습니다.

❶ 로프나 테이프로 지뢰밭을 사각형이나 동그랗게(2.5×8m 정도의 구간) 표시하고, 출발 지역을 사방에 인원수를 고려하여 표시합니다.

❷ 2인 1조로 하여 1명은 눈가리개를 하고 지뢰밭 출발선에 서고, 나머지 1명은 눈을 가리지 않고 지뢰밭 경계선 밖에 섭니다. 지뢰밭 안에는 여러 종류(각종 인형, 고무 고리, 오뚝이, 줄, 블록판 등)의 부드러운 물건으로 지뢰를 설치합니다.

❸ 도전하는 친구는 안내자의 목소리만으로 지뢰를 피하면서 목적지에
도착해야 합니다.

❹ 안내자는 지뢰밭 안에 들어올 수 없고, 눈 가린 친구를 손으로 잡아
서도 안 되며, 오직 말로만 안내합니다. (예: 오른발 2발 앞으로, 30도 각
도 오른쪽으로 앞에 지뢰가 있습니다.) 눈 가린 친구가 지뢰를 밟거나 건드
리면 다시 처음으로 되돌아가서 다시 시작합니다.

❺ 지뢰밭을 무사히 통과하면 역할을 바꿔 실시합니다. 도착한 친구를
향해 경계선 밖에 있는 친구들은 힘찬 격려의 박수를 쳐줍니다. 여러
팀을 사각형의 경우 각 꼭짓점, 여러 출발 지점에서 동시에 출발 시
키거나 약간의 시차를 두고 출발 시킵니다.

❻ 3차원 지뢰밭으로 실시하려면, 지뢰밭 사이 공간에 얇은 고무줄을
지상에서 50cm 떨어뜨리거나 위에서 풍선을 늘어뜨려 피하도록 합
니다.

❼ ⑤가 어느 정도 익숙해지면 이번에는 다른 미션을 제시합니다. 반대

편에서도 출발하여(요격미사일에 비유) 지뢰밭에서 서로 부딪히지 않도록 도전거리를 제공합니다. 그래서 서로 공격하여 태그하는 것입니다. 아니면 처음부터 태그하는 것을 아니하고 이때 반대편의 사람과 접촉이 없이 목적지까지 통과하게 하는 것입니다. 이때 반대편과 접촉을 하면 처음부터 다시 시작해야 합니다.

❽ 참가자들의 성공 가능성을 가늠하여 장애물(3차원 장애물 포함)의 수와 거리를 조절합니다. 눈을 가린 사람을 향해 장난을 하는 일은 절대로 금합니다. 신뢰를 손상시키기 때문입니다.

촉진노트

- 줄을 이용해서 지뢰밭으로 사용할 구역을 길쭉한 직사각형 모양으로 표시합니다. 원으로 만드는 경우는 긴 줄 두~세 개를 이어 만들거나 마땅하지 않은 경우 출발점을 줄 대신 청테이프를 살짝 붙여 표시해도 괜찮습니다. 미리 준비한 장애물들을 표시 구역 안에 적절히 늘어놓을 때 참가자가 장애물의 위치를 미리 보면 기억에 의존해서 진행할 수 있기 때문에 참가자가 눈가리개를 하고 나서 장애물의 위치를 조금씩 바꾸는 것도 좋습니다. 주변의 어떤 물건도 장애물로 사용할 수 있습니다. 고깔, 깃대, 발판, 플라잉디스크 등 모든 것이 활용 가능합니다.

- 본 활동이 익숙해지면 다음 단계로 지뢰밭 중간에 일정한 높이의 줄을 가로질러 놓고 양쪽에서 줄을 잡고 있는 사람이 줄의 높이를 참가

자의 성향에 따라 그때그때 다르게 조절하면 활동의 난이도를 높일 수 있습니다.

• 두 사람씩 짝이 되어 지뢰밭을 통과할 때 방향은 말로만 지시하는 것이 원칙인데 나이가 어린 참가자한테는 무척 어려울 수 있습니다. 저학년들은 방향 안내자도 지뢰밭 안에 들어가서 곁에서 손을 잡고 이끌어주면서 활동에 참여해도 좋습니다. 활동하면서 교사는 학생의 상황과 수준에 맞게 참가자 모르게 살짝 진행 경로에 있는 장애물의 위치를 조금 쉽게 바꾸거나 장애물의 수를 줄여주는 것도 괜찮습니다. 인원수가 맞지 않아 잠시 밖에서 이때 활동에 직접 참여하지 않고 옆에서 지켜보고 있는 다른 참가자들한테 장애물의 위치를 바꾸게 한다거나 가로지른 줄의 높이를 조절하게 한다거나 하면서 활동에 참여할 수 있게 하면 좋습니다. 아니면 심판의 역할을 맡게 해도 됩니다.

• 도전경로를 만들 때는 다칠 수 있는 물건이나 지대는 피해야 합니다. 눈을 가린 사람을 향해 장난을 하는 일은 절대로 삼가야 합니다. 이런 경우가 많이 생기지는 않습니다. 기본적인 신뢰관계는 형성되었기 때문입니다. 하지만 한 번 더 주의를 주면 좋습니다. 신뢰를 손상시키는 일이며, 활동에 참여하는 것을 꺼려지게 만듭니다. 성공하고서도 기분이 그다지 좋지 않을 것입니다.

• 도덕수업, 실과(시간관리)수업 경우 이 활동을 가지고 수행평가를 하는 분도 있습니다. 의사소통 능력과 긍정적인 참여, 배려와 보호, 그리고 합리적 시간사용등의 태도를 평가할 수 있을 것입니다. 영어시간에는 방향에 관한 수업을 한 후 안내자가 영어로 안내하도록 해 보

는 것도 좋은 도전적인 시도라고 봅니다. 이럴 때는 간단한 지시어를 사용하고 도전의 난이도를 낮춥니다.

- 지뢰밭을 무사히 통과하면 기쁨의 포옹과 함께 역할을 바꿔 실시합니다. 시간이 많이 소요되는 활동입니다. 활동을 하고 나면 역할을 바꾸어하길 원합니다. 이럴 때는 동시에 출발하게 하여 시간소요를 단축할 수 있습니다. 약간의 시차를 두면서 여러 팀이 이어서 실시해도 됩니다. 여러 명이 지뢰밭에 들어가면 그 사람들끼리도 충돌할 수 있습니다. 그러한 충돌도 지뢰를 밟은 것으로 간주하여 다시 실시해야 합니다. 두 사람이 의사소통 방식에 문제가 있다면 그 팀은 서로 어떤 합의를 하고 실시하라고 말해 주세요. 소통이 잘 되어야 빨리 안전지대로 갈 수 있으니까요.

디브리핑

- 지뢰밭 활동은 '지뢰'를 다양하게 은유할 수 있습니다. 좋은 습관, 나쁜 습관에 비유하여 나쁜 습관을 피하고 좋은 습관은 밟게 한 후 디브리핑 진행시 자신의 좋은 습관과 나쁜 습관에 대하여 이야기를 나눌 수 있습니다. 스스로 버리고 싶은 습관을 적게 한 후 밟은 후 크게 외치게 합니다. 그리고 그 습관을 버리는 액션을 하게 하는 것도 좋습니다.
- 평상 시 나의 대화 태도에 대하여 이야기를 나눌 수 있습니다. 나는 상대방의 의견에 귀를 기울였고 적극적으로 그에 반응하는 편인가

요? 아니면 기다리는 편인가요? 에 대하여 이야기를 나누어 봅니다. 사실은 상대방의 이야기에 경청하는 자세가 의외로 안 되어 있다는 것을 스스로 알 수 있게 합니다. 그리고 듣는다 해도 선별적으로 자기중심적으로 이해하는 경우도 많다는 것을 알게 됩니다. 또 다른 사람이(부모님, 선생님, 친구)하는 충고의 말을 잘 듣는 편인지에 대해서도 이야기를 나누어봅니다. 평상시에 말을 주의 깊게 안 듣는 친구가 있다면 안대를 쓰고 안내에 따라 걷게 한 후 디브리핑 시간에 그 친구에게 "평상시 나는 상대방의 말을 주의 깊게 듣는 편인가요?"라고 직접 물어보면서 이야기를 이어가도 좋습니다. 대개 '잘 안 듣습니다'라고 이야기합니다. 그렇다면 왜 안 듣는지, 안 듣는 경우 어떤 일이 일어날 수 있는지에 대하여 이야기를 이어가게 됩니다.

- 문제를 해결하기 위한 중요한 요소들은 어떤 것이었는가? 눈이 안 보인다는 것(서로 모른다는 것)은 나에게(우리에게) 어떤 의미인가? 마지막에 눈을 떴을 때 성공적인 모습으로 끝난 순간의 느낌을 3글자와 동작으로 표현해 봅니다.

Tip 디브리핑을 위한 질문 예시

1 제한된 의사소통으로 지뢰밭을 통과할 때 가장 어려운 점이나 필요한 것은 무엇인가요?

2 지뢰밭을 통과할 때 가장 도움을 받고 싶었던 것은 무엇인가요? 안내자가 그 도움을 주었나요?

3 활동 중에 어려움이 있었다면 무엇인가요? 자주 실패했다면 그 원인이 어디에 있었나요?

4 이 활동을 성공하기 위해 필요한 결정적인 요소는 어떤 것이 있을까요?

한 발 더 들어가기

❶ 좋은 습관카드 5장, 나쁜 습관카드 3장을 소품으로 장애물을 설치합니다. 좋은 습관카드는 밟아야 하고 나쁜 카드는 밟은 후 스스로 없애는 동작을 하도록 합니다. 이때 안내자는 가까이에 있는 카드의 내용을 짝에게 읽어 줍니다.

❷ 약간, 아주 약간의 도전거리를 더 주기 위하여, 또 다른 한 팀을 반대편에서 출발하도록 해 보세요. 그 팀을 요격 미사일에 비유할 수 있지요. 앞서 출발한 팀을 요격해서 맞추는 활동이 되는 것입니다.

38

셔틀콕

도전하기: 목표를 설정하고 성취감 느끼기

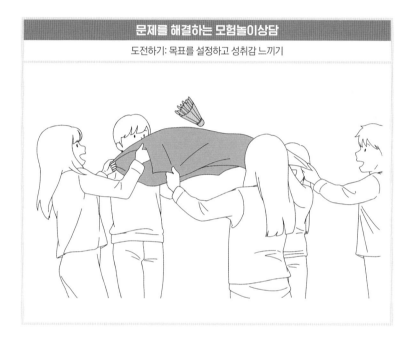

'셔틀콕' 모험놀이는 보자기를 펼쳐서 여럿이 함께 잡고
힘을 모아 셔틀콕을 위로 띄워 올리는 활동입니다.

- **활동목표:** 충분한 의사소통과 협력으로 문제 해결하기
- **장소:** 실내(교실)와 실외
- **준비물:** 셔틀콕, 보자기(모둠 수만큼)
- **적정인원:** 10~30명
- **소요시간:** 20분~30분

학급활동에서는 모둠활동을 하는 경우가 많습니다. 그런데 모둠활동을 하다보면 적극적으로 참여하는 친구, 역할 없이 장난을 주로 하는 친구, 무엇을 해야 할지 몰라 하는 친구 등, 다양한 모습을 보게 됩니다. 모둠활동은 혼자가 아니라 여럿이 함께 힘을 합쳐 해결해야 하는 활동입니다. 해결문제가 쉽든 어렵든 문제는 만나고 나타나게 됩니다. 문제를 만날 때 우리는 어떻게 하나요? 어떻게 하면 좋을까요? 활동을 통해 체험해 봅시다.

진행하기

1단계: 둥글게 원으로 마주보고 서서 하기

❶ 참가자들을 4~5명을 한 모둠으로 나눈다. 옆 모둠과 부딪히기 않게 모둠별 간격을 넓힙니다.

❷ 모둠별로 보자기를 하나씩 주고 모둠원 모두가 두 손으로 보자기를 맞잡고 들게 한다. 어떻게 잡는 것이 효과적인가는 활동하면서 모둠원들의 협의를 통해 해결해 나가게 합니다.

❸ 들고 있는 보자기 위에 셔틀콕을 하나씩 올려놓는다. 셔틀콕도 좋고 혹 다른 고무(실리콘) 공도 가능합니다.

❹ "시작"이라고 외치면, 보자기를 잡은 손을 놓지 않고 셔틀콕을 공중으로 띄웁니다.

❺ 셔틀콕을 떨어뜨리거나 보자기 위에 멈춰 있지 않게 하고 몇 회나 떨어뜨리지 않고 띄울 수 있는지 목표 횟수를 정하게 합니다.

❻ "최소한 30센티 이상 띄우세요."처럼 높이를 도전과제로 부여합니다.

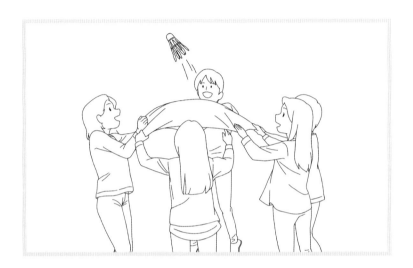

❼ 수준에 맞춰 목표를 조정해 가면서 목표를 달성할 때까지 계속 합니다. 10번을 성공했으면 그 다음에 목표치를 올려 정하게 한 후 다시 시도합니다.

❽ 일정 시간을 주고 최대한 모둠별로 기록을 만들기를 한 후 활동을 마무리합니다.

• 모둠원들의 생각보다 쉽게 목표치가 달성되기 어렵습니다. 또한 셔틀 콕이 튕겨나가기 쉽습니다. 보자기를 잡는 방법에 따라. 모둠원들의 자세에 따라. 공이 밖으로 튕겨나갈 때 어떻게 움직여야 하는지, 여러 가지 의논해야 할 일이 생겨납니다. 또 생각대로 되지 않는 경우 짜증을 내거나 포기하려는 마음이 생기게 됩니다. 이때 모둠별 분위기가 가라앉게 되거나 의욕을 잃게 됩니다. 이때 교사는 모둠별로 의논을 하게 하거나 교사가 자연스럽게 합류하면서 함께 활동합니다. 교사가 함께 하는 경우 함께 문제점을 해결하면서 활동을 하면 학생들은 환호성을 지르면서 다시 해보자는 의지를 보이고 다시 시작합니다.

목표달성의 과정에는 쉽든 어렵든 어려움이 존재한다는 것이지요. 저학년, 중학년의 경우 셔틀콕을 공중 높이 올리는 것이 쉽지 않을 때 교사의 격려와 문제 해결에 팁을 주는 것이 활동의 촉진 역할을 합니다.

• 참가자들이 스스로 목표를 정해서 도전할 수 있도록 격려합니다. 처음 10개 달성과정이 어렵습니다. 교사는 모둠을 관찰하면서 10개 달성한 모둠에게는 큰 소리로 함성을 지르라고 합니다. 그리고 우리 학교 ○학년 ○반 최대치가 ○○개라고 이야기해 줍니다. 그러면 놀라면서도 '정말요? 야 그러면 우리도 해보자~~'라는 말이 자연스럽게 나오게 됩니다.

• 보자기는 떡보자기가 좋습니다. 아니면 만약에 인원수를 5명 이상 한다면 보자기의 크기는 커야 되겠지요.

- 셔틀콕 활동은 신뢰 안에서 주어진 문제 상황을 해결하는 문제해결 활동입니다. 문제를 해결하기 위해서는 소통, 협력, 인내심, 리더십이 필요합니다. 그렇게 때문에 아이들에게 협동이 왜 필요한지 물어봅니다. 그리고 의사소통이 필요한 이유도 물어봅니다.

 아이들은 한 단계 앞으로 나갈 때 마다 성취감이 생겨나게 되고 절정에 이르게 됩니다. 그 속에서 팀원들에 대한 신뢰도 커지고 궁극적으로는 자신의 소중함도 경험하게 되는 것 입니다. 교과서 안에서 학교에서 모두 협력과 소통을 강조하고 이야기하지만 실제로 경험하지 못한, 몸으로 익히지 못한 소통과 협력은 말로만의 공허한 가치가 되는 것입니다.

- 셔틀콕을 우리 모둠에서 무엇에 비유할 수 있는지 이야기 나누어봅니다. 함께 하면 더 쉽게, 빨리. 성공할 수 있는 것이 있을까요? 재밌는 팀워크 활동으로 서로가 일체감을 느끼면서 하나 되는 마음을 느끼기 위해 셔틀콕에 새로운 이름 짓기를 해 봅니다. 모둠 구호(예: 한 솥밥, 한 식구)모둠이름도 좋습니다. 모둠의 구호와 이름의 뜻 나누기도 함께 합니다.

- 이 활동은 팀워크가 중요시 여겨지는 활동입니다. 여기서 자기가 맡은 역할은 무엇이며 그 역할에 최선을 다했는지 돌아가면서 이야기해봅니다. 교과시간에도 협력학습 활동이 많은 데 이전의 경험에서 자신이 잘해냈던 경험을 이야기해보고 앞으로 협력 학습을 하면서 잘 할 수 있는 역할이 무엇인지도 이야기 해봅니다.

디브리핑을 위한 질문 예시

1 활동 중에 어떤 일이 일어났나요? 재미있었던 장면이 있었나요?

2 어떤 점이 가장 어려웠나요? 자꾸 실패할 때 어떤 생각이 들었나요? 포기 하고 싶지는 않았나요?

3 가장 인상적인 장면은 무엇인가요?

4 어떻게 성공할 수 있었나요? 결정적 방법은 누가 제시하였나요?

5 이 활동을 성공하려면 어떤 것들이 필요한가요?

6 셔틀콕에 이름을 붙인다면 어떤 이름이 있을까요? 그리고 셔틀콕은 무엇으로 생각하면 좋을까요?

한 발 더 들어가기

❶ 저학년의 경우 셔틀콕이나 공이 떨어지는 속도가 빠를 수 있습니다. 이럴 때는 풍선도 가능합니다. 특히 저학년 학생들은 풍선을 참 좋아 합니다. 충분히 연습 후 셔틀콕으로 옮겨가도 됩니다.

❷ 목표를 달성하면 1모둠, 2모둠이 한 팀이 됩니다. 두 팀이 짝이 되어 셔틀콕 하나로 1모둠이 2모둠이 셔틀콕을 서로 주고받기를 해봅니다. 팀끼리의 셔틀콕이 되는 것 입니다. 이 역시 몇 번 주고받을까를 도전 과제로 설정합니다.

39

돌핀 골프

문제를 해결하는 모험놀이상담

도전하기: 목표를 설정하고 성취감 느끼기

'돌핀 골프' 활동은 고리를 던지면서 골프를 치듯
장애물을 지나 목적지까지 도착하는 활동입니다.

- **활동목표:** 팀원끼리 협동하여 목표지점에 최대한 빨리 도착하기
- **장소:** 교실 또는 운동장
- **준비물:** 팀별로 색이 다른 고리 1~2개, 점수판, 발판
- **적정인원:** 8~30명
- **소요시간:** 10분~20분

고리 던지기 놀이를 상상해 봅니다. 고리를 던져 물속에서 뛰어올라 링을 통과하는 돌고래 쇼를 본 적이 있나요? 돌고래는 이 고리를 통과하기 위해 수 백 번 수 만 번 연습을 하였을 것입니다. 누구에게는 너무나 쉬운 고리걸기가 고래에게는 큰 도전거리가 된 것입니다.

성공의 경험을 갖기 위해서는 이렇게 실패와, 노력 그리고 집중은 성공의 요소가 됩니다. 돌핀 골프 활동은 골프와 비슷합니다. 혼자가 아닌 모둠이 모두 돌고래처럼 고리를 통과하며 목적지까지 가는 활동입니다. 우리가 주고받는 고리를 서로의 인연의 끈이라 생각하고 끊어지지 않게 잘 연결하여 봅니다.

1단계: 둥글게 원으로 마주보고 서서 하기

❶ 카테고리: 마음에 드는 색의 고리 앞에 서도록 합니다. 팀을 나누고 각자 색을 선택한 후, 같은 색을 선택한 사람끼리 한 팀이 됩니다. (1팀 2명-6명) 이 외에 다양한 방법으로 카테고리를 정할 수 있습니다.

❷ 던지고 받는 순서를 정하고 실제 던지고 받는 연습을 합니다. 받을 때에는 다리를 벌리고 서서 받습니다. 맨 처음 두 줄로 선 다음 서로 마주보게 합니다. 두 사람 사이의 거리는 1미터에서 성공할 때 마다 한 발씩 더 뒤로 가서 받는 연습을 충분히 합니다.

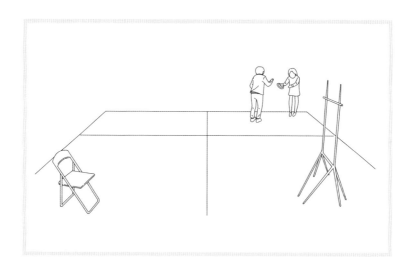

❸ 받는 사람은 어느 위치에서 받을 것인지를 정한 뒤 그 자리에서 이동
하지 않고 오직 팔만 뻗어서 링을 받아야 합니다. 이때 링을 움켜쥐
지 말고 손끝을 세워서 팔에 끼워서 받아야 합니다.

❹ 쉽게 던지고 받을 수 있는 방법이 무엇인지 서로 의논하게 합니다.
가장 좋은 방법은 수평으로 던지는 것입니다.

❺ 이제 모둠별(팀별)로 순서를 정합니다. 2명이 하는 경우 서로 주고받
는 연습을 합니다. 3명 이상인 경우는 순서를 정차 연차적으로 던지
고 받는 연습을 합니다.

❻ 바닥에는 반드시 통과해야 할 지점을 설치합니다. (장애물처럼 의자 밑
으로 고리 지나가기, 책상 위 일정 높이 통과하기, 구멍 통과하기, 의자에 서있는
자기 팀 선수가 받게 하기 등) 여러 가지 통과지점을 돌아 원래의 위치로
돌아오는 것입니다.

❼ 맨 처음 시작할 때 팀 멤버들은 링을 잘 잡을 수 있는 장소를 정해 그

자리에 서서 고리를 자기 팀 선수를 향해 던집니다. 고리를 받을 때는 땅에서 발이 떼어져도 안 되고 무효입니다. 또 고리는 손으로 잡아도 안 되고 너무 가까운 곳에서 잡아서도 안 됩니다.

❽ 고리를 던져 받는 것이 성공하면 다음 선수가 새로운 지점에서 (고리)링을 받습니다. 실패를 하면 그 자리에 그 고리를 놓고 경계선 밖으로 나옵니다.

❾ 그러면 다음 팀 선수들이 시작합니다. 다음 팀 선수도 마찬가지로 고리 던지기를 하면서 실패한 지점에 고리를 놓고 나옵니다. 그러면 다음 팀의 공격이 진행이 되는 것입니다. 한 번 한 팀이 재공격이 진행될 때 1차 도전에서 실패한 지점부터 다시 시작하면 됩니다. 진행하면서 던진 횟수를 기억하게 하면서 각각 몇 번 만에 목적지까지 들어왔는지 타수를 기업합니다. 또 어떻게 빨리 정확하게 실수를 줄이고 들어올 수 있는지 의논도 하게 합니다. 목표를 설정하고 도전하는 활동입니다.

촉진노트

- 규칙을 정확하게 알려줍니다. 맨 처음 규칙을 들을 때는 복잡하기도 한 것 같고 팀별로 타수를 측정하는 활동이므로 규칙을 정확히 이해하고 지켜야 활동이 재밌습니다.
- 적당한 장애물로 코스에 재미를 부여합니다. 장소를 이동할 때 단순하면 무료하게 느껴집니다. 다양한 모양의 장애물을 설치하면 (작은

그물 구멍 통과하기, 의자 밑 좁은 공간 통과하기, 목표물 맞추기) 등 다음 장소에 대한 기대감과 다음 활동에 대한 호기심을 자극합니다. 활동 진행에 재미와 긴장감이 이어져 활동에 적극적인 참여가 이루어집니다.

- 다른 팀의 활동에 집중하여 보면서 난코스를 통과하는 경우, 또 먼 거리를 한 번(타)에 주고받는 경우에도 크고 힘찬 격려의 박수와 함성도 함께 보냅니다. 다른 팀 활동을 보면서 우리 팀이 할 때 효과적인 주고받기에 대한 의견을 나눕니다.

디브리핑

- 돌핀 골프는 짧은 시간도 가능하지만 연습과 본경기로 충분한 시간을 갖고 할 수 있는 활동입니다. 학생들에게 오늘 자기 자신이 신문사의 편집장이 되어보자고 합니다. 그래서 오늘의 톱기사로 돌핀고래에 대한 기사를 싣기로 했을 때 '헤드라인을 무엇으로 정할까'라는 과제로 시작해 봅니다. 고리를 손이 아닌 팔에 끼기는 실제로 많은 연습을 필요로 합니다. 또 일정거리가 떨어져 있어야 하기에 운동 신경이 둔하거나 유연성이 부족한 학생들은 연습 시간이 많이 필요로 합니다. 그랬기에 목표를 달성하기 까지 많은 과정이 필요합니다. 인내력, 집중력, 목표를 향해 꾸준히 연습하고 유연성을 향상시키기 등 다양한 관점에서 헤드라인을 설정할 수 있을 것입니다.
- 학교생활을 하다보면 무슨 일을 잘 할 때도 있고 잘못 할 때도 있습니다. 지금부터 여러분은 성공하였을 때의 느낌과 실패하였을 때의

상황을 여러 번 가지게 될 것입니다. 실패와 성공 모두 나의 모습입니다. 이번 디브리핑에는 성공과 실패에 대한 이야기를 나누어봅니다. 먼저 활동 후 소감을 돌아가면서 이야기 해 봅니다.

• 학생들의 집중력과 협동심을 기르게 하고, 전략을 세울 수 있는 기회를 제공하고 실제적으로 여러 번의 시행착오를 통해서 능력을 향상시킵니다. 또한 활동을 통해 상대방을 이해하고 유연성이 커집니다. 유아기의 경우 고리활동은 충동조절, 인내력향상. 집중력, 유연성 확대들을 이유로 고리걸이를 교육놀이로 활용합니다.

Tip 디브리핑을 위한 질문 예시

1 목표에 성공하였나요? 목표는 몇 타였나요? 성공할 수 있었던 이유는? 어떻게 더 쉽게 이룰 수 있었나요?

2 각자의 책임에 충실했나요? 링이 손목에 들어 왔을 때의 느낌이 어떠했나요?

3 처음에 출발할 때의 생각과 목표지점에 도달했을 때의 느낌은?

4 성공한 방법은 누가 제시했고 제시된 방법은 무엇이었나요?
나 자신도 충분히 나의 의견을 이야기 했나요?
다른 사람의 다양한 의견에 귀를 기울였나요?

5 새로운 규칙을 넣거나 뺀 다면 어떤 것들이 있을까요?

6 실수한 사람을 비난한 적은 없었나요? 내가 실수하여 고리가 떨어졌을 때의 미안했던 심정을 말해 볼까요?

7 목표를 이루고 났을 때의 기분을 몸짓으로 표현해 볼까요?
이번엔 소리 나지 않게 함성을 질러 볼까요?

❶ 플라잉디스크를 이용하여도 됩니다. 던지고 받기입니다. 반환점을 돌아오기입니다. 운동장의 경우 출발점을 2~3곳 설치 후 동시에 출발이 가능합니다. 팀당 인원수는 모둠별로 진행하면 됩니다.

40

이야기 실은 붕붕카

마무리 모험놀이상담

나눔 표현하기: 되돌아보고, 표현하고, 나누자!

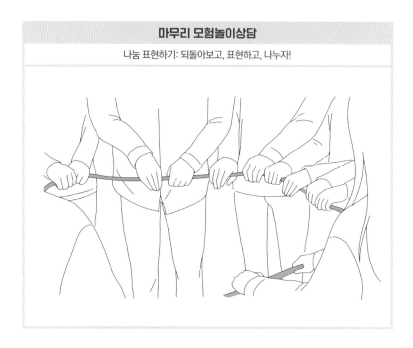

'이야기 실은 붕붕카' 모험놀이는 밧줄을 돌리다가
선택된 사람의 이야기를 들으며 서로를 이해하는 활동입니다.

- **활동목표:** 상호 인식, 친밀감, 심리적 개방감, 재미, 타인 배려 배우기
- **장소:** 실내(교실)와 실외
- **준비물:** 밧줄, 손수건, 인형
- **적정인원:** 10~20명
- **소요시간:** 20분

지금부터 손수건을 매단 붕붕카가 출발합니다. 손수건이 정차하는 곳에 있는 사람은 오늘의 첫 손님입니다. 요즘 어떻게 지냈는지 짧게 들려주세요. 또 학기, 학년 말이 되면 서로들 할 말도 많아지지요. 붕붕카를 타고 신나게 달려보면서 자신에 대해 이야기하고, 서로에 대해 알아가면서 서로 위로하고 칭찬하는 따뜻한 자동차 여행을 해보겠습니다.

❶ 밧줄을 묶어 둥글게 만들고, 한 곳에 손수건을 묶어둡니다.

❷ '산토끼'나 '그대로 멈춰라'처럼 짧은 노래를 부르다가 노래가 끝났을 때 손수건이 멈춘 곳에 있는 사람이 이야기할 차례가 됩니다.

❸ 이야기할 차례가 된 사람은 요즘 생활을 짧게 이야기합니다.

　(※시기를 필요한 기간으로 설정하여 그간의 변화나 근황 말하기)

❹ 혹은 새 학기 시작의 다짐, 한 학기의 반성, 내가 좋아하는 것 등 어떠한 주제로든 이야기할 수 있습니다.

　(※혹은 '요즘의 나'를 말하는 단어를 이야기하고 설명하기)

❺ 발표하는 학생의 이야기를 듣고, 덧붙이고 싶은 말이 있다면 다른 학생들이 조언이며 위로의 말을 덧붙입니다.

- 10-15명 정도 인원에 적합합니다. 너무 인원이 많거나 이야기 시간 이 길으면 집중도가 떨어질 수 있고 산만해지므로 적절 인원이 효과 적입니다.

- 마음 속 이야기를 나누는 자리라 마음열기 활동이 충분히 이루어진 후 하는 것이 좋습니다.

- 공이 돌아가고 긴장감이 돌고 다소 어수선해 보일 수 있으나 그 또한 이 활동의 재미이겠지요. '걸리면 어떻게 하나' 걱정하면서도 '한 번 걸려보았으면' 하는 것이 마음이지요.

- 힘을 주는 한 마디 '내가 가장 짜증이 날 때', '내가 가장 듣고 싶은 말' 등 국어 교과와 연관시켜 이야기의 주제를 선정해도 좋습니다. 학생들은 자신의 실생활과 관련된 이야기를 하면 남학생들은 다소 과장된 표현과 동작이 나올 때가 있습니다. 이 자체가 재미를 주곤 합니다.

  이야기를 들어보면 책 속에 나오는 이야기가 아니고 '나'의 이야기, 비슷한 생활, 비슷한 환경에서 나오는 것이기에 많은 이야기를 나눌 수 있습니다. 4학년 어린 학생의 경우 가장 짜증이 나는 순간을 집에 가면 아무도 없을 때, 엄마가 늦게 와 밤에 깜깜해서 무서웠을 때라고 이야기를 하는 학생도 있고 발표를 잘 하고 싶은 데 용기가 안 난다고 이야기하는 친구도 있습니다. 저학년, 고학년에 따라 질문을 구체적으로 한다면 학생들의 생활을 자세히 알 수 있는 활동이 됩니다. 이 이야기를 듣고 위로가 필요한 경우, 스스로 듣고 싶은 말이 무엇인지, 힘이 되어 줄 수 있는 말이 무엇이냐고 물어봅니다.

- 학교생활을 하며 서로의 칭찬할 점을 찾고 모두의 앞에서 적극적으로 칭찬하는 활동으로 붕붕카 노래가 끝날 때 자기 앞에서 멈추면 "안녕 ○○~"하면서 친구의 이름을 부르면서 그 친구에게 고맙거나 부탁의 말을 합니다. 칭찬을 받은 학생은 자기를 칭찬해 준 친구에게 감사의 인사를 전답니다.

- 이 활동을 하고 나니 달라진 점이 무엇이냐고 질문하였더니 '자신에 대해 얘기하니 후련한 느낌이 든다.' '힘을 주는 한마디로 기분이 좋

아졌다.'라는 말을 들을 수 있습니다. 이렇게 말 한마디가 어떤 선물보다도 값지다는 것을 알게 해주는 보물 같은 활동입니다.

Tip **디브리핑을 위한 질문 예시**

1 어떤 이야기가 인상 깊었나요? 그 이유는 무엇일까요?

2 공감이 가는 이야기가 있었다면 무엇인가요? 그 이유는 무엇일까요?

3 다른 주제로 이야기하고 싶은 것이 있다면 어떤 것이 있을까요?

4 꼭 하고 싶었는데 못한 이야기가 있나요?

5 이 활동의 좋은 점은 무엇이었나요? 활동 전과 활동 후의 마음의 차이가 느껴지나요? 어떻게 표현할 수 있을까요?

한 발 더 들어가기

❶ 원의 모양으로 앉지 않고 일반 교실 수업모형으로 앉아 발표자를 선정할 때 공을 돌리면서 노래가 끝나면 손수건이나 인형을 잡은 사람이 발표하게 합니다. 교사가 지명을 하면 긴장을 하게 되나 인형을 돌리면서 자기 차례가 되어 발표하는 것이 학생들의 긴장을 떨어뜨리는 방법이 됩니다.

41

품평회

즐겁고 재미있던 시간들은 왜 추억으로 남을까요? 그리고 왜 오래도록 기억될까요? 아련하지만 좋은 느낌이 남아 있기 때문일 것입니다. 우리들의 활동 또한 한 때의 기억에서 추억으로 이어질 수 있도록 좋은 느낌을 찾아보면 어떨까요?

- **활동목표**: 전체 활동 소감을 몸짓과 소리로 표현해 보기
- **장소**: 교실 또는 운동장
- **준비물**: 없음
- **적정인원**: 8~30명
- **소요시간**: 15분~30분

지나온 시간을 되새겨 보는 것은 또 다른 성장을 향해 나아가는 것입니다. 혼자만의 되새김에서 함께 되새기는 시간으로 확장하는 것은 성장의 크기를 더하는 것입니다. 오늘의 활동을 되돌아보는 시간, 재미있지만 의미 있게 맞이해 보세요.

진행하기

❶ 참가자들에게 오늘 경험한 것들 중 가장 인상적이었던 것을 생각하게 합니다.

❷ 생각한 것을 몸짓이나 소리로 자유롭게 표현해 보게 합니다.

❸ 모든 참가자가 자신의 표현 꺼리를 찾았다면, 모두 동시에 이를 표현하고 자세를 바로 하게 합니다.

❹ 이제 한 명씩 돌아가며 자신들이 결정한 몸짓이나 소리를 표현해 보고 설명을 요청합니다.

❺ 2명씩 짝을 지어 위 ①~④의 과정을 반복합니다. 이때 서로 상의하여 둘 사이에서 공통적으로 느낀 것을 표현하게 합니다.

❻ 4명, 8명, 전체가 모여 위 과정을 반복합니다.

- 참가자들이 몸짓이나 행동, 소리로 인상적이었거나 공통적으로 느낀 것을 표현할 때 보다 자유롭게 표현하도록 촉진하여야 합니다. 이를 위한 적절한 추임새는 역시 칭찬입니다. '그 아이디어 좋은데!', '이야 어떻게 그런 표현을!', '우와, 박수!'와 같은 적절한 추임새는 참가자들의 표현 범위를 확장시킵니다.

- 참가자들이 정한 몸짓이나 행동, 소리를 동시에 실시해 보고 자세를 바로 하는 것은 다음 단계 진행을 위한 것입니다. 아직 표현 꺼리를 완성하지 못한 사람이나 팀을 알 수 있어 추가 시간을 부여할 수 있기 때문입니다, 또한 이어지는 한 명 또는 한 팀씩 발표할 때 경청할 수 있는 분위기를 조성할 수 있기 때문입니다.

- 시간이 충분하다면 1명, 2명, 4명, 8명, 1/2, 전체가 함께 표현하는 순서로 품평회를 진행하면 됩니다. 반면 시간을 고려해야 하는 경우 1명, 3명, 1/2이 함께 표현하는 순서로 품평회를 열어도 무방합니다. 또한 표현 방법을 정할 때 참가자들이 있는 공간을 모두 사용하여 표현하도록 유도해도 좋습니다. 나아가 개별적인 표현이 끝나면 나머지 사람들이 지금의 표현을 따라하게 만들어도 좋습니다.

- 세상을 살다 보면 혼자일 때도 있지만 둘이 있을 때도 있고, 셋이 있을 때도 있으며, 다수가 있을 때도 있습니다. 그리고 지금 우리는 한 분단을, 한 학급을 이루어 살아가고 있기도 합니다. 그래서 느낌에도 혼자의 느낌과 함께 느끼는 것이 있습니다. 팀을 이루어 나갈 때 이와 같은 비유를 해 준다면 조금 더 자연스러운 팀 구성과 자유로운 표현

을 촉진하게 됩니다.

- 참가자들이 표현에 어려움을 느끼고 있을 때는 방법적 힌트를 주기도 합니다. 이것은 촉진자가 보기에 바람직한 의견에 힘을 보태는 것이 되며, 팀 내에서 리더로 부각시키는 것이 되며, 일종의 기둥을 세우는 과정이 되기도 합니다.

디브리핑

- 품평회는 활동 자체가 디브리핑의 성격을 가지는 마무리 단계의 활동입니다. 따라서 새로운 질문보다는 발표 내용 중 모두가 한 번 더 들었으면 하는 내용을 찾아 모두에게 정확하게 알려 주시는 것이 좋습니다.
- 품평회 활동을 마칠 때는 참가자들이 표현한 것 중 하나를 정해 촉진자가 들려주고 싶은 내용으로 살짝 표현 문구를 바꾸어 안내하기도 합니다.

디브리핑을 위한 질문 예시

1 지금 표현한 내용은 어떤 점에서 가장 인상적이었나요?

2 인상적이었던 내용을 표현할 때 왜 그러한 몸짓이나 행동, 소리로 표현하였나요?

3 자신의 행동 중에서 다른 사람들에게 가장 인상적으로 남았으면 하는 것이 있다면 무엇인가요?

한 발 더 들어가기

소품 이용하기

❶ 가장 인상적이었던 것을 표현할 때 몸짓이나 행동, 소리 이외에 소품을 이용할 수도 있습니다.

❷ 소품으로는 주변에 있는 아무 것이나 사용하기도 합니다.

42

행복한 착륙

마무리 모험놀이상담

나눔 표현하기: 되돌아보고, 표현하고, 나누자!

'행복한 착륙' 모험놀이는 종이비행기를 접고 날리는 과정을 통해
협력과 의사소통을 배우는 활동 활동입니다.

- **활동목표**: 의사소통과 협력 배우기

- **장소**: 교실

- **준비물**: 종이(비행기 접기용), 사인펜, 의자

- **적정인원**: 8~20명

- **소요시간**: 20분~30분

우리나라 말에는 한솥밥, 한 식구라는 말이 있습니다. 한 학기, 한 학년 동안 같은 공간에서 함께 생활했던 친구이기에 나만 발견한, 새롭게 알게 된 크고 작은 일들이 있지요. 그 속에서 느꼈던 마음을 비행기를 만들어 칭찬과 격려의 말 그리고 함께 힘찬 응원을 듬뿍 담아 함께 날려보내는 활동입니다.

또 친구에게 하고 싶은 말이나 부탁의 말을 전해보는 것도 좋습니다. 그럼 아이들과 무엇을 만들어볼까요? 오늘은 종이를 접어서 비행기를 만들어볼까요? 비행기를 접고 나서 다 같이 날려보겠습니다.

❶ 활동지 맨 위 오른 쪽에 자기의 이름을 적은 후 종이 비행기로 접어 정해진 구역에 날립니다.

❷ 한 명씩 나와 던져진 종이비행기를 무작위로 하나씩 선택합니다.

❸ 종이비행기를 펴고 적혀진 이름이 누구인지 확인합니다. 선택된 비행기 주인공의 칭찬 3가지를 작성합니다. 단, 절대 종이비행기에 적힌 이름이 누구인지 절대 이야기해서는 안 됩니다.

❹ 모두 적은 종이비행기는 다시 정해진 구역에 다시 동시에 던져 놓습니다.

❺ 모두 둘러앉아 한 명씩 앞에 있는 뽑아 종이비행기를 펴고 비행기에

적혀있는 칭찬을 큰 소리로 천천히 또박또박 읽어 내립니다.

❻ 칭찬을 읽어 가면 그 칭찬의 주인공이 누구인지 찾습니다.

(예: 이 친구는 다리 찢기를 잘 합니다. 적극적으로 참여하며 맡은 바 소임을 다 하는 사람입니다. 모두 그 사람이 누구인지 손가락으로 가리키면 y, n로 대답합 니다.)

촉진노트

- 이 활동은 마무리 활동입니다. 내가 아는 나의 모습과 친구들이 보는 나의 모습을 함께 비교하여 새로운 나의 모습을 찾아가는 활동입니다. 활동 전에 주의해야 할 내용이 있다면 친구에 대한 부정의 말, 욕 설, 인신공격 등은 하지 않기로 먼저 약속을 합니다.
- 서로 이야기를 나누고 경청하는 활동입니다. 교사가 결론을 짓는 것

이 아니고 학생들이 자신의 마음을 직접 표현하고 마무리할 수 있도록 해주시면 됩니다.

- 종이비행기를 만들지 못하는 구성원을 미리 파악하여 협력학습이 이루어지게 합니다.
- 종이에 쓰기 편하도록 부드러운 사인펜을 준비합니다.

디브리핑

- 먼저 원으로 둘러앉은 상태에서 '자신의 특징을 살린 한 문장을 소개를 해주세요'라고 이야기 해 봅니다. 돌아가면서 자신의 특징을 살려 자신을 표현 해 봅니다.
- 교사가 보지 못했던, 그리고 본인 스스로도 잘 알지 못했던 모습들을 친구들은 서로 볼 수 있습니다. 또 본인 스스로 알고 있더라도 함께 생활하는 친구들의 입을 통해서 칭찬을 들을 때 학생들의 표정을 보면 부끄러워하면서도 얼굴에 스스로의 자랑스러움, 당당함이 보이는 모습을 보게 됩니다. 성적, 운동에 두드러지는 활약을 보이는 학생들을 제외하고 자신감이 떨어지거나 많은 수의 아이들이 '자신은 잘하는 것이 없다고' 생각하는 학생들이 의외로 많습니다. 이 활동을 하셨던 동료교사는 다음과 같은 소감을 발표하셨습니다. "내가 학생이었을 때 내가 어릴 때 이런 활동을 알았다면 친구를 더 많이 사귈 수 있었을 터인데 아쉽습니다."
- 교육 방법의 다양함을 고민해 보면서 세상의 넓이만큼 다양한 생각

이 존재한다는 것을 일방적인 교육의 방식이 아닌 상호가 성찰하면서 발전하는 방법을 고민할 필요가 있습니다.

Tip 디브리핑을 위한 질문 예시

1 비행은 잘 이루어졌나요?

2 종이비행기를 날려본 것이 얼마만인가요? 날려본 느낌은 어떤가요?

3 종이비행기 만드는 과정은 어렵지 않았나요?

4 가장 멋진 비행기는 누구 것인가요? 어떻게 만드는지 배워볼까요?

5 소개된 내용 중 가장 인상적인 것은 무엇인가요?

6 오늘 본 종이비행기의 비행 모습과 같은 모습의 경험이 있었나요? 멋지게 날거나 시도는 좋았지만 실패했던 경험들에 관해 나눠 봅시다.

한 발 더 들어가기

1단계

❶ 참가자 전원에게 A4용지(혹은 A4색상지)를 나눠주고 각자 종이를 접어 종이비행기를 만들게 합니다. 만들지 못하는 사람이 있으면 만들수 있는 사람 옆에 가서 보고 배우면서 만들도록 합니다.

❷ 다 만든 후 두 팀으로 나누어 3-5m의 적당한 간격을 두고 서로 마주보게 합니다.

❸ 모든 참가자가 자신의 비행기를 멋지게 멀리 날려 보냅니다.

❹ 다음엔 마주 본 구성원 바로 앞에 떨어지도록 목표를 정하고 날려 보냅니다.

2단계

❶ 참가자 전원에게 사인펜을 나눠주고 종이비행기 안에 주제에 맞는 내용을 쓰도록 합니다.

★ 주제는 아래 예시를 참고하여 상황에 맞게 정합니다.

- 지금까지 모험놀이 활동을 하고 나서 느낀 점, 배운 점을 자유롭게 쓰기

- 함께 활동에 참여한 사람 중 칭찬하고 싶은 사람과 그 이유 쓰기

- 평소 내가 듣고 싶었던 말 쓰기

- 내 꿈 써보기(앞으로 어떻게 살고 싶다는 바람이나 다짐)

- 내가 이 모임에 바라는 점

❷ 다 쓴 다음 눈을 감고 촉진자의 "하나, 둘, 셋!" 신호에 맞춰 동시에 머리 위로 비행기를 날립니다.

❸ 모두 눈을 뜨고 자기 가까이에 떨어진 종이비행기를 하나씩 집어 그 안에 있는 내용을 읽어 줍니다.

★ 공개하기 적절하지 않은 내용은 읽지 않기로 합니다.

43

개별 면담은 이렇게 하자!

마무리 모험놀이상담

나눔 표현하기: 되돌아보고, 표현하고, 나누자!

모험놀이상담은 재미있는 활동 후에 몸과 마음을 가라앉혀 그동안의
활동을 되돌아보는 디브리핑을 통해 자연스럽게 상담이 이루어지도록
돕습니다. 개별 면담을 위한 모험놀이상담 또한 마찬가지로 분위기를
훈훈하게 만들고, 몰입할 수 있는 활동을 하고, 활동에 참여한 자신을
되돌아보면 됩니다. 이러한 개별 면담을 위한 모험놀이상담을 위해 주
의를 기울이면 좋을 것들이 있습니다.

첫째, 둘이서 활동하기에도 용이한 활동을 준비하는 것입니다. 그러
한 활동의 예로 갓차, 동전을 찾아라, 발등 밟기, 변신 마법 곰·연어·모
기, 별난 만남, 믿고 쓰러지기 등이 있습니다. 이 외에도 기존 활동을 둘이
서 할 수 있는 형태로 바꾸어 해볼 수 있는 것을 생각해 볼 수 있습니다.

둘째, 글로 써 가며 이야기 꺼리를 준비할 수 있는 활동을 준비하는
것입니다. 그러한 활동의 예로 미주알고주알 인터뷰, 인간 보물찾기, 위
대한 하루 등이 있습니다. 이 외에도 심성 훈련 활동 자료들을 활용할
수 있습니다.

셋째, 디브리핑을 위한 대화의 기술을 알아 두는 것입니다. 디브리
핑을 위한 대화의 기술에는 여러 종류가 있겠으나 여기에 간략하게
Bacon(1987), Doughty(1991), Itin(1995), Priest and Gass(2005),

Priest, Gass and Fitzpatrick(1999)가 발전시켜 온 촉진의 8단계를 소개합니다. 그것은 경험 자체에 대해서만 말하게 하는 것, 경험으로부터 얻을 수 있는 의미에 대하여 말하게 하는 것, 경험을 재평가하게 하는 것, 돌아보기·목표·동기·기능·역기능에 대하여 이야기 하면서 경험에 직면하도록 하는 것, 비슷한 비유를 통해 동일 구조의 경험에 대하여 말해보는 것, 간접적으로 경험에 직면하게 하는 것, 경험을 밑바탕에 깔고 말하게 하는 것, 스스로를 촉진하도록 말하게 하는 것입니다. 요약하면 활동 후에 활동을 돌아보는 질문, 활동 전이나 중간, 활동 후에 변화를 끌어내기 위해 사용하는 질문, 스스로 자기 최면을 걸 듯 말하게 하는 질문의 세 단계로 나뉩니다. 이러한 단계적인 질문 외에도 디브리핑을 위한 대화의 기술은 많을 것입니다.

개별 면담을 위한 모험놀이상담을 위해 주의를 기울이면 좋을 것들에 대해 생각해 보고 준비가 어느 정도 되었다면, 실제로 다음의 단계를 따라 개별 면담을 해볼 것을 방승호 선생님은 권하고 있습니다.

1단계	자연스러운 일상 이야기로 대화를 시작합니다.
2단계	간단한 모험놀이를 통해 긴장감을 풀어줍니다.
3단계	현재의 기분, 상담 내용 등을 작성하면서 개별 상담을 이어갑니다.
4단계	상담 후 느낀 점을 글로 표현하며 마무리합니다.

모험놀이상담을 이용하는 개별 면담의 방법은 편안하고 즐거우며 부담 없이 내면에 있는 감정을 끌어내기에 용이한 방법입니다.

아이들에게 성공의 기쁨은 마약과도 같습니다. 모험놀이상담 활동이야말로 아이들에게 성공의
기쁨과 놀라운 변화를 가져다줄 만병통치약입니다.

아이들에게
찾아온
놀라운 변화들

변화는 기적을 만든다

━━━

이 책의 초반을 보시면 '다함께 일어서'라는 활동을 제일 먼저 소개한 바 있습니다. 이 활동의 경우, 아이들이 두 명 또는 세 명일 때는 손을 맞잡고 쉽게 일어설 수 있지만 네 명부터는 이야기가 달라집니다. 네 명에서 여섯 명 정도가 서로 동그랗게 손을 잡고 동시에 일어서기는 매우 어렵습니다. 오랫동안 모험놀이 활동을 해온 저도 처음부터 한 번에 이런 상황에서 한번에 성공한 경우는 자주 보지 못하였습니다.

모험놀이 활동을 하다보면 이런 저런 의견이 분분한 가운데, 참가자들은 의견이 무시되거나 선택되는 경험을 하게 됩니다. 이 과정에서 참가자들은 타인의 의견이 옳을 수 있음을 경험하게 됩니다. 자신의 의견을 무작정 내세우다 실패하기도 하고 때로는 다른 참가자의 의견을 받아들여 성공하는 경험을 하기도 합니다. 계속되는 시도 속에 양보와 배려, 인정의 분위기가 자연스럽게 싹틀 수 있습니다. 서로 손을 엇갈려 잡고 일어나면 된다는 것을 알아내는 과정에서 타인의 의견도 경청할 만하다는 것을 느끼게 됩니다.

이러한 작은 성공 이후, 열두 명 이상의 무리가 서로 손을 잡고 일어나는 단계에 이르면 서로 손을 엇갈려 잡고 일어서는 것도 마음처럼 쉽지 않음을 알게 될 것입니다. 이때도 여러 차례 분분한 의견이 오고가다 결국 발상의 전환이 이루어집니다. 참가자들이 동그랗게 촘촘히 앉을 필요 없이 소시지처럼 납작한 타원을 만들고 일어서는 경험을 할 수 있게 됩니다. 이 단계의 성공이 있기까지 참가자들은 조금 더 다른 참가자들의 의견에 귀 기울이며, 보다 정확하게 들으려 노력하고, 공동의 목표를 위해 보다 활발하면서 건설적인 토론을 경험하게 됩니다. 그리고는 마침내 모두가 환호성을 지르며 성공의 기쁨을 만끽할 수 있습니다.

그 다음은 해결 방법을 알고도 쉽지 않은 단계가 있습니다. 약 이십 명 이상이나 백 명 이상의 인원이 서로 손에 손을 잡고 동시에 일어나는 것입니다. 이 단계에서는 구체적인 방법을 알아도 성공하기가 쉽지 않습니다. 아마 동시에 일어나지 못하고 파도를 타듯 어느 한 쪽이 먼저 일어나기 일쑤일 것입니다. 온전히 몸과 마음을 다해 협력해야만 성공할 수 있는 단계가 됩니다. 누구를 탓하여 분위기를 흩트리면 더욱 성공에서 멀어지는 것이지요.

짧은 시간일지라도 모험놀이상담 활동을 통해 참가자들은 서로의 말에 경청하고, 작은 배려의 경험을 통해 그룹의 분위기가 진일보하는 것을 느끼게 됩니다. 그리고 작은 성공을 지나 진정한 협력과 하나 됨으로 큰 성공에 다다르는 경험을 하게 됩니다. 이러한 경험이야 말로 진정한 배움과 성장의 과정을 체험하게 합니다. 나아가 같은 공간에서 함께한 동료들의 경험을 되돌아보는 디브리핑 활동을 통해 지금의 경험을 삶에 전이시킬 수 있는 힘을 얻게 될 것입니다.

함께하는 성공의 기쁨은 마약과도 같습니다. 모험놀이상담 활동이야 말로 아이들에게 놀라운 변화를 가져다줄 만병통치약입니다.

변화를 위한 촉진자의 역할

촉진자란 '회의, 워크숍, 심포지엄, 교육 등에서 진행을 원활하게 하면서 합의 형성이나 상호 이해를 향해서 깊은 논의 또는 효과적인 교육이 이루어지도록 조정하는 역할을 수행하는 사람'입니다.

모험놀이상담 활동을 진행하는 촉진자 역시 모험놀이상담 활동을 원활하게 진행하면서 참가자들이 서로 이해하고 깊이 있는 논의를 이끌어 내어 참가자들이 성장할 수 있도록 돕는 사람입니다. 이를 위해 촉진자는 참가자들을 활동에 참여하게 만들고, 참여자들과 의견을 교환할 뿐 아니라 참여자들이 미처 보지 못한 것을 일깨워 주고, 참여자들의 감정을 다루거나 참가자의 입장까지 겸하기도 하며, 동시에 참여자들을 자세히 관찰하여 적절한 피드백을 주어야 합니다.

바람직한 모험놀이상담 촉진자의 역할을 활동의 진행 단계에 따라 두 단계로 구분해 보면 다음과 같습니다. 먼저 활동의 처음, 즉 분위기가 조성되기 전 단계를 살펴보겠습니다.

첫째, 활동 시작 15~30분 동안은 자신감 있게 리드해야 합니다. 모두가 서먹하고 어색한 상황에서 리더로서 자신감을 표출하는 것은 그룹의 분위기를 띄우는 촉매제가 됩니다.

둘째, 그룹의 원동력을 분석하여 지원의 방향을 지속적으로 고민해야 합니다. 그룹의 역동성은 살아있는 생명과 같습니다. 끊임없이 관찰하고 리드하면서 그룹의 분위기가 바람직하게 고조되도록 만들어야 하며, 이를 위해 그룹의 현재 상태에 보다 적합한 활동으로 활동을 바꾸거나 디브리핑에 변화를 주어야 합니다.

셋째, 모험놀이상담 활동 참가자들의 주의를 끌고, 참가자들이 스스로 활동에 참가하기 쉽도록 신체적 활동을 초반에 배치하여야 합니다.

다음으로 프로그램을 진행하는 중이거나 분위기가 고조된 이후의 단계를 살펴보겠습니다.

첫째, 참가자들이 서로에게 마음을 열기 시작하면 촉진자의 역할은 변해야 합니다. 참가자들이 편안함과 안정감을 느끼게 해야 활동을 즐길 수 있고, 다치지 않을 수 있습니다. 촉진자는 놓치는 부분이 없도록 세심하게 주의를 기울이는 모습을 보여 주어야 합니다.

둘째, 촉진자의 개입을 줄이고, 그룹이 스스로 도전하고 성장하도록 도와야 합니다. 촉진자는 이제 지원자이자 격려자, 코치가 되는 것이 좋습니다.

셋째, 모험놀이상담 활동의 촉진자로서 활동이 자연스럽게 이어지고, 활동을 통해 참가자들이 성장하도록 활동의 흐름을 디자인하여야 합니다. 참가자들의 성향을 파악하고, 그룹의 역동을 가늠하여 모험놀이상담 활동을 적절히 배치하고, 적당한 시기에 땀을 식히며 디브리핑으로 나아가면 될 것입니다.

변화를 이끄는 촉진자가
가슴에 담아두어야 할 것들

모험놀이상담 활동을 진행하고 그룹의 성장을 촉진하기 위해서는 촉진자로서 부단히 노력해야 합니다. 촉진자로서의 역량을 높이고 그룹의 성장에 기여하는 촉진자가 되기 위해 가슴에 담아두면 좋을 마음가짐과 행동 지침을 열거하면 다음과 같습니다.

첫째, 재미를 이끌어 내기 위해서 할 수 있는 일은 무엇이든 해야 합니다. 활동이 재미있으면 아이들은 배움과 성장, 학습에 관심을 갖게 됩니다. 어떤 활동을 하든지 가장 중요한 것은 재미있어야 한다는 사실을 우리는 명심해야 합니다. 참가자들이 즐길 수 없는 활동은 참가자들을 활동에서 멀어지게 할 것입니다. 재미는 모험놀이상담에서 빠져서는 안 되는 부분입니다.

둘째, 아무리 좋은 활동이라도 촉진자의 리더십에 따라 활동은 더 좋아질 수도 나빠질 수도 있습니다. 리더십의 깊이가 더해 갈수록 스스로 돌아보고 훌륭한 리더의 마음가짐을 유지해야 합니다. 그리고 항상 필요 이상으로 계획을 세우되 언제든 활동에 변화를 주거나 바꿀 수 있는 준비를 해야 합니다.

셋째, 자신이 알고 있는 최고의 활동으로 시작합니다. 모험놀이상담 활동의 성공 여부는 처음 15분에서 30분 사이에 결정됩니다. 참가자들이 활동에 빠져들도록 자신감으로 활동을 이끌어야 합니다.

넷째, 배움과 성장이 목적이지 재미가 목적은 아님을 명심해야 합니다. 활동이 실패하거나 실망스럽더라도 가치 있는 성장의 기회로 바꿀 수 있습니다 이는 참가자나 촉진자 모두에게 해당됩니다.

다섯째, 항상 안전에 유의해야 합니다. 모험놀이상담 활동은 신체적·심리적 도전을 동반하는 활동입니다. 사전에 위험 요소를 제거하고, 참가자들에게 안전한 활동을 위한 주의사항을 안내해야 합니다. 안전의 보장은 도전의 수준을 높인다는 것을 기억해야 합니다.

나만의 모험놀이상담 비법

'지피지기면 백전불패'라는 말은 너무나도 유명한 말입니다. 마찬가지로 활동에 앞서 참가자들의 특성이나 처한 환경, 참가자들이 바라는 점 등을 알아보고, 모험놀이상담 활동을 통해 이루고 싶은 것을 살펴본다면 위태롭지 않은 진행이 될 것입니다. 또한 모험놀이상담 활동이 한번에 끝나지 않고 여러 차례에 걸쳐 진행될 경우 각 회기별 목표가 서로 연계되도록 활동 목록을 구성하면 더욱 좋습니다.

초등학생이나 중고등학교 남학생들은 신체활동을 매우 좋아합니다. 그래서 촉진자가 말로 설명을 할라 치면 금방 산만해지고 촉진자의 말을 듣지 않기도 하지요. 이는 지극히 자연스러운 현상입니다. 때문에 참가자들에게 보여주는 설명이나 활동을 통해 다른 친구들의 모습을 보고 활동 방법을 익히게 하면 더 좋습니다.

간혹 활동 중에 흐름을 방해하는 행동이나 지나친 경쟁에 짜증스러운 행동을 나타내는 학생도 있습니다. 이럴 땐 잠시 멈추고 이에 대해 서로 이야기를 나누거나 태도에 대해 이야기를 나누는 것이 도움이 됩니다. 이것 역시 동료로부터 배움을 얻는 방법이 될 수 있습니다. 혹시 이야기를 나눌만한 시기를 놓친다면 활동 후에 디브리핑을 통해 이야기를 나누어도 좋습니다.

초등학교 저학년 경우, 모든 참가자들이 활동에 참여하고 싶어 할 것입니다. 때문에 충분한 시간을 두고 모두 술래가 되어 보게 하면 좋습니다. 예를 들어 '해본 적 있나요?'라는 활동이라면 모두 고백의 자리에 서 보게 합니다. 참여는 몰입의 출발점이 되어 줄 것입니다.

길고 장황한 이야기는 전달력을 떨어뜨립니다. 마찬가지로 모험놀이상담 활동을 통해 너무 많은 이야기를 풀어내는 것 또한 지양해야 할 것입니다. 이를 위해 한 두 시간의 모험놀이상담 활동을 통해 꼭 전달하고 싶은 주제를 한 두 가지 정하고, 짧은 디브리핑과 적절한 시기에 실시하는 깊이 있는 디브리핑을 적절히 배치하여 참가자가 모험놀이상담 활동의 경험 속에서 진짜 배움을 가질 수 있게 도와주어야 합니다. 또한 모험놀이상담 활동의 전체적인 흐름 가운데 그 주제와 관련된 핵심 활동이 클라이맥스에 오도록 구성하는 것이 좋습니다. 핵심 활동과 그에 수반하는 디브리핑에서 가장 강렬한 인상이 남기 때문입니다.

사람들은 식사시간을 넘기거나 끝나는 시간을 넘기는 것을 싫어합니다. 때문에 모험놀이상담의 개별 활동의 소요시간 또한 고려하여 추가하거나 뺄 활동을 미리 정해 놓는 것이 좋습니다. 전체적인 흐름이 끊어지지 않고 이어지면서 제시간에 마친다면 더할 나위 없이 좋은 인상을 심어줄 것입니다.

마지막으로 모험놀이는 집단상담 장면에서만 사용되지는 않습니다. 오히려 보통의 수업에서 활용된다면 수업을 보다 즐겁고 풍부하게 만들어 줄 것입니다. 모험놀이가 가지는 재미와 역동성은 수업의 목표 달성에 기여할뿐더러 수업에의 집중을 유도할 수 있습니다. 그래서 수업 시작 전 집중이 필요할 때나 수업에서의 자투리 시간, 본 학습 때에도 모험놀이 활동이 사용됩니다. 수업의 내용과 연계하면 좋을 모험놀이 활동들을 통해 두 배의 효과를 이끌어낼 수 있습니다.

무엇이든 물어보세요.
모험놀이상담 Q&A

──────────────●──────────────

Q 실제 모험놀이상담이 미국에서는 어떤 효과가 있다고 검증되었나요?

A 모험놀이상담 활동을 아우르는 보다 상위의 개념을 모험교육(Adventure Education)이라 합니다. 이러한 모험교육을 지금까지도 널리 보급하고 있는 미국의 단체는 1971년에 설립된 Project Adventure가 있습니다. 이후 많은 단체들이 모험교육을 지지하는 활동을 펼쳐왔으며, 지금도 Association for Experiential Education(AEE)과 American Camp Association(ACA) 등 미국의 국가적인 승인 단체에서 모험교육을 지지하고 있습니다.

ACA에서는 캠프 활동의 수많은 연구 결과들을 요약하여 모험교육이 유년기 학생들의 성장에 긍정적인 영향을 미친다는 증거를 제공하고 있습니다. 이러한 분야로 긍정적인 자아정체성, 사회적 기술, 신체적이고 정신적인 기술, 긍정적 가치와 영성을 꼽습니다.

모험교육의 효과성 연구의 결과로 현재 미국에서는 모험교육 분야의 학사 및 석사, 박사 학위를 수여하는 교육기관이 다수 존재한다. 이는 관련 논문을 검색해 보면 알 수 있습니다.

Q 모험놀이상담이 선생님들에게 관심이 높아진 이유는 무엇일까요?

A 가장 큰 이유는 놀이처럼 활동이 재미있으면서 교육적 함의를 내포하기 때문이라 생각합니다. 모험놀이상담은 생활상담 뿐만 아니라 교과 수업에서 하나의 교수학습방법으로 적용 가능하다는 사례들이 알려지고 점차 입증되고 있습니다. 그 이유는 모험놀이상담활동을 학년 초부터 꾸준히 계획적으로 실시하는 경우, 생활태도 뿐만 아니라 학생들의 학업집중력 및 성취도가 올라감을 경험한 선생님들이 많아졌기 때문입니다.

모험놀이상담 활동에서 사용되는 비경쟁 협동 활동은 서로간의 소통과 이해 그리고 심리적 안정 및 성장을 촉진합니다. 교과서에 나오는 많은 가치들을 책이 아닌 몸으로 학습하고 체득하기 때문에 학교 폭력, 왕따 등의 문제가 해소됩니다. 학생들 서로간의 이해가 높아지고 차이가 차별이 아닌 다름의 문제로 받아들여지고, 서로간의 존중과 배려가 자연스럽게 형성되기 때문입니다.

Q 일반적인 상담과 모험놀이상담의 다른 점은 무엇인가요?

A 상담이라 하면, 일반적인 우리의 고정관념으로 앉아서 서로 이야기를 나누는 그림이 연상됩니다. 그러나 모험놀이상담 활동은 다릅니다. 경험중심의 비경쟁협동놀이를 통하며 소통하고 협력하고 집단의 공통문제를 해결해 나가면서 모험놀이상담활동이 어떻게 개인과 교실을 바

꾸어나가는지 그 위력을 깨닫게 됩니다.

상담의 목적은 자신의 내면을 살펴보고 돌아보는 것을 통해 심리적 안정과 성장을 도모하는 것입니다. 모험놀이상담은 활동을 통해 내 마음을 열고, 친구들을 이해하고, 친구들로부터 이해를 받고, 협동 활동을 통해 배려와 존중을 배우고 익히는 경험을 이끌어 냅니다. 그러다 보면 학교가 즐겁고, 배움이 즐겁고, 심리적 안정감을 느끼고, 거칠었던 마음과 행동들이 위로를 받게 되어 행동교정이 일어날 것입니다. 모험놀이상담 활동은 개별적인 상담이 아닌 전체가 동시에 상담의 전 과정을 함께 하는 것이라고 할 수 있습니다.

Q 학교에서 모험놀이상담을 어떻게 활용하면 좋을까요?

A 모험놀이상담은 학습이론과 심리학적 이론을 배경으로 합니다. 따라서 수업에서도 생활 상담에서도 매우 유용하게 적용할 수 있습니다.

생활 상담과의 연계성을 고려한 모험놀이상담은 학급 단위의 집단 상담이나 팀빌딩 활동으로 활용됩니다. 이러한 활동은 방과 후 담임과의 시간이나 창의적 체험활동, 뒤뜰야영, 학급야영에서 실시되며, 90분 정도로 진행하면 무난합니다. 수업과의 연계성을 고려한 모험놀이상담은 전시학습 확인용 활동이나 본시학습 활동으로 활용됩니다. 수업에 즐거움을 더하면서 학생들의 태도 변화나 학생활동 중심 수업에 모험놀이상담 활동이 사용되기도 합니다.

모험놀이가 수업이나 학교에서 학생들의 성장을 목적으로 사용되는 경우에 Adventure in the Classroom(AITC)이라 부르며, 미국에서는 AITC가 하나의 큰 흐름을 이루고 있기도 합니다. 필자들은 매년 공개

수업을 모험놀이상담 활동과 교과 내용을 연계하여 진행해 왔습니다. 2018학년도 초등학교 국어 4학년 1학기 4단원 학습문제로 "겪은 일을 실감나게 말하기"가 그러하였으며, 2017학년도 중학교 정보 "햄스터 군무 프로젝트 발표" 수업이 그러합니다.

"겪은 일을 실감나게 말하기" 수업에서는 '해본 적 있나요?', '진실 혹은 거짓', '붕붕카' 활동을 하였으며, 활동 후 학부모님들로부터 "국어 수업을 이렇게도 할 수 있다는 것에 감동받고 갑니다."라는 피드백을 받았던 기억이 있습니다. "햄스터 군무 프로젝트 발표" 수업에서는 '흩어진 문장', '키워드' 활동과 학생 발표 후 '디브리핑' 활동을 하였으며, 동료 교사로부터 감성이 묻어나는 정보 수업이라는 피드백을 받았던 기억이 있습니다.

Q 학생 및 학부모과 소통하기 위한 노하우가 있다면 무엇일까요?

A 모험놀이상담 활동을 다년간 경험하게 되면, 어떤 학년, 어떤 학급, 어떤 학생, 어떤 수업, 어떤 학부모를 만나도 긴장하지 않게 됩니다. 학급 경영에 대한 축적된 노하우, 학생들에 대한 이해, 학생들에게 받는 지지가 있기에 학생과 학부모님들과 관계 맺기가 어렵지 않습니다. 이러한 저변에는 모험놀이상담이라는 비밀병기가 있습니다.

모험놀이상담은 학생뿐만이 아니라 교사 자신의 내면을 들여다보게 합니다. 학생들과 함께 활동하면서 교사 스스로도 반성적 성찰의 과정을 경험하게 합니다. 자신의 부족함이나 나와 학생들에게서 보이지 않았거나 보지 못했던 이면의 모습들을 발견하게 합니다. 그렇기에 인간에 대한 이해가 깊어지고 넓어질 수 있습니다.

소통의 노하우 그것은 바로 모험놀이상담 활동 그 자체입니다. 교사가 자유자재로 모험놀이상담 활동을 진행하고 아이들의 마음을 이끌어내고 읽을 수 있다면, 바로 그 곳에서 소통의 실마리를 찾아내게 될 것입니다.

Q 소통을 원하는 교사와 학부모에게 전하고 싶은 이야기가 있다면?

A 원하든 원하지 않던, 좋든 싫든 학부모는 학생의 보호자이기에 교육에 관여할 수밖에 없습니다. 학생을 맡은 이상 교사와 학부모는 학생교육을 위해 함께 노력해야 하는 존재라는 점을 인정하고 이해해야 합니다. 이해가 어렵다면 2인 3각 경기를 생각하면 됩니다. 학부모와 교사를 학생교육의 중요한 파트너로 생각하고, 교사는 학생만이 아니라 학부모 상담자로서의 역할까지 적극적으로 맡는 것이 현명합니다. 학생들은 집에서 보이는 모습과 학교에서 생활하는 모습이 다를 수밖에 없습니다. 그러한 모습 또한 학생의 모습입니다. 때문에 학부모와 교사가 아동교육을 위해 서로 협조적 관계를 잘 유지하면서, 이해의 폭을 넓히고 지도의 일관성을 이루어야 학생교육의 효과가 극대화될 수 있습니다. 반면에 학부모와 교사의 협조가 잘 이루어지지 않고 불신의 폭이 깊으면 오히려 서로가 학생교육에 심각한 방해요인이 될 수 있습니다.

학부모와 교사는 학생의 성장을 위해 함께 노력하는 동료이며 한 팀입니다. 학년 초 학부모 총회 때나 학부모 상담시간에 서로의 의견을 분명히 전달하고 협조를 구해야 합니다. 이를 위해 아래의 내용을 미리 알아두면 좋습니다.

- 교사는 학부모를 학생보호 및 가정교육의 전문가로서 존중하는 태도를 가져야 한다.
- 학부모는 교사가 학교교육의 전문가임을 인정하고, 교사에게 대접받기보단 존중의 태도를 보여 주어야 한다.
- 교사는 학부모 상담 시 부모의 불편한 심경을 이해해야 한다.
- 교사는 상담자이고 부모는 내담자이다. 학교교육에서 교사는 교육의 전문가이기 때문이다.
- 교사는 학부모 상담의 목적이 '학생의 성장과 변화' 임을 분명하게 알려 주고, 협조할 수 있는 분위기를 만들어야 한다.
- 교사는 학생에 대한 긍정적 이야기로 학부모 상담을 시작해야 한다. 학생을 비난하거나 문제 행동을 하소연하지 말고, 문제 행동의 교정을 위해 교사와 학부모가 학교와 가정에서 해야 할 행동에 대하여 구체적으로 이야기하고 논의해야 한다.
- 성공적인 학부모 상담은 평소의 준비에서 이루어진다.
- 교사는 학생에게 진정한 관심이 있음을 평소에 지속적으로 전달해야 한다. 학생과의 관계가 좋고 학생이 교사를 신뢰하면 학부모님의 반응도 다르다.
- 교사는 부모에게 아동에 대해서 자주 알려주되 긍정적 변화도 반드시 포함해서 알려주어야 한다. 학생들은 한 순간에 한 번의 말로 변화되지 않는다. 꾸준한 일관성 있는 지도와 관심이 학생의 긍정적 변화를 가져오게 한다.
- 교사는 평소 아동에 대해 자잘한 것이라도 기록하고 모아 둔다. 이것은 아동의 행동변화 및 이후 상담을 위한 중요한 자료가 된다.

Q 학교 외에 가정에서도 모험놀이상담을 할 수 있을까요?

A 모험놀이상담 활동을 적용할 수 있는 연령대는 매우 넓을 뿐 아니라 다양한 대상으로 실시된 바 있습니다. 실제로 필자는 유치원에서부터 초등학교, 중학교, 고등학교, 대학교, 공무원, 교회의 주일교사 및 부부학교, 교사연수, 교감연수, 교장연수 등에서 강의한 경험이 있습니다.

여기서 유치원은 필자의 자녀가 다니는 유치원이었으며, 집에서도 유치원생인 아이랑 놀이삼아 실시해 본 적이 있습니다. 연령대와 모임의 목적에 맞추어 그저 모험놀이상담 활동을 욕심내지 않고 실시한다면 가정에서도 모험놀이상담이 가능합니다.

Q 아이들과 소통을 위해 무엇이 가장 중요하다고 생각하세요?

A 어릴 적 친구들과 대화할 때나 부부 간에 대화할 때 상대편이 나의 이야기에 대해 비난하지 않을 것이라는 믿음이 있기에 편안한 대화가 가능합니다. 소통은 상대를 비난하지 않으며, 평가하지 않고, 그저 있는 그대로 들어줄 때 활발해 질 것입니다. 촉진자가 참가자의 이야기에 온전히 귀를 기울이는 모습을 보여준다면 편안한 분위기가 만들어 질 것이며, 소통은 그 순간에 찾아올 것입니다.

이 책이 필요한 모든 독자들에게

점심시간에 학생들이 식사하기 위해 복도에 줄을 서 있을 때였습니다. 남자아이들이 우르르 몰려와 촘촘하게 줄을 섰습니다. 이어서 이런 저런 이야기꽃을 피우느라 앞을 보고 있던 자세에서 옆을 보는 자세로 몸을 돌리는 아이들이 생겼습니다. 이야기에 동참하려는 친구가 여러 명인지라 몇몇 친구들이 같이 몸을 돌려 옆을 보게 되었습니다. 잠시 뒤 그 아이들 뒤편에서는 난리가 났습니다. 앞에서 자꾸 뒤로 민다는 것입니다. 그래서 앞으로 힘을 다해 밀어내는 아이들이 생기고, 한 줄로 서 있던 아이들 중 힘이 없는 아이들 몇몇이 옆으로 삐져나오고, 또 그 뒤에서는 앞에 친구들이 새치기 하였다고 말하는 사태까지 간 것입니다.

그래서 앞에 있는 친구들과 뒤에서 난리가 난 친구들을 그 자리에서 차례차례 설득을 하였습니다. 뒤에서 발생한 사태가 구체적으로 어떤 사태인지 설명하거나 물어 보고, 그 원인이 앞에서 이야기꽃을 피우느라 옆을 바라본 몇몇 친구들 때문임을 알게 하였습니다. 그리고 그러한 행동들의 결과가 어떻게 발전할 수 있는지 물어보았습니다. 아이들은 '저 친구들 때문에 질서가 무너져요!', '기분이 나빠요!'와 비슷한 말들을 쏟아 내었습니다.

　다시 이 일을 해결하기 위해 아이들에게 요청하였습니다. 이야기꽃을 피우기 위해 몸을 옆으로 돌리지 말아 달라고, 앞에 있는 친구들이 단순하게 몸을 옆으로 돌린 행동 때문이니 밀치거나 화내지 말아 달라고 하였습니다. 실제로 앞에 있는 친구들이 뒤로 밀었는지도 물어보았습니다. 뒤에 있는 친구들이 말하는 무질서와 나쁜 기분이 무엇 때문에 일어났는지도 물어보았습니다. 이내 아이들은 진정하게 되었습니다.

　디브리핑은 관찰에서 출발합니다. 그리고 구체적인 상황을 설명하거나 파악할 수 있는 질문을 합니다. 이어서 발생 가능한 추상적인 문제가 있음을 상기시킵니다. 마지막으로 그러한 문제 뒤에 오는 감정이 무엇일지 물어봅니다.

　디브리핑을 일상화 하면 사건이나 사고가 발생하였을 때 아이들이 감정의 극으로 치닫는 것을 멈추게 할 수 있습니다.

　어떤 질문을 하는지도 중요합니다. 구체적인 상황과 그 결과 발생하는 추상적인 결과, 감정적인 문제, 실제로 발생할 수 있는 현실적인 문제까지 고려하여 질문할 수 있게 되면 더욱 좋습니다. 디브리핑의 기술을 일상에 적용해 보세요! 사건, 사고, 감정, 문제 중심으로 이를 적용해 보세요.

회기구성

• 생활 상담과 수업에의 결합

초등 5·6학년은 2차 성징을 경험하는 시기입니다. 이 시기의 아동들은 신체적, 인지적, 정서·사회적 발달이 급격하게 이루어집니다. 자신에 대한 고민, 또래문화 형성 및 이성에 대한 관심이 높아지는 시기이기도 합니다. 그러다보니 학부모님과 학년 초 상담을 하다보면 이 시기 가정에서의 생활지도의 어려움에 대하여 많이 이야기하십니다. 학년 초 학부모 상담이 끝나고 나면 학년 초 파악한 학생들의 관심사 및 학부모님의 고민들을 자연스럽게 수업과 연계하게 됩니다.

대중매체의 발달과 무분별한 시청, 왜곡된 정보와 이성에 대한 호기심으로 인해 학년 초 성교육은 반드시 필요합니다. 남자와 여자는 성적 발달이 어떻게 달라지는 지, 내 몸에 대한 변화와 성에 대한 호기심을 어떻게 받아들여야 하는 지에 대하여, 또한 올바른 자기 관리 방법은 어떤 것인지에 대하여 창의적체험활동 시간에 수업을 합니다. 보건교사가 하는 성교육도 있으나 담임교사가 성교육을 하는 것이 더 효과적이기도 합니다. 학급 구성원에 대한 세밀한 파악, 학급아동의 전체적인 관심과 발달 정도를 알고 있기에 다소 부끄럽거나 꺼내기 어려운 이야기(소재)들과 자연스럽게 공개적으로 이야기할 수 있는 자리를 마련하게 되지요.

이 때 도전활동은 나의 마음, 너의 마음을 꺼내 이야기할 수 있는 좋은 활동입니다. 2차시로 진행한 수업사례를 참고하세요. (뒤쪽 도표 참고)

활동명과 피드백		준비물

시작하며
세상에서 가장 소중한 보물이 무엇인지 생각하게 해 봅니다.
 	
• 보물 상자를 전체 학생이 한 사람씩 앞으로 나와 뚜껑을 열어본 후 왜, 보물인지 이유를 추측해보게 합니다.
• 동영상 '사춘기 몸의 변화'를 보면서 남녀의 변화를 긍정적으로 이해하게 합니다.
• 우리 모두는 소중한 보물이고 사춘기 몸의 변화는 자연스러운 과정이라고 정리하면서 오늘의 학습 활동을 시작합니다.
	• 가족입니다.
	• 돈입니다.
	• 나 자신입니다.
	
	• 나 자신은 세상에서 가장 소중하기 때문입니다.
	• 왜 나는 세상에서 가장 소중할까요?
	  – 세상에는 단 하나 밖에 없기 때문입니다.
	  – 부모님의 사랑으로 만들어졌기 때문입니다.
	  – 내가 없으면 세상도, 지구도, 없기 때문입니다.
		• 보물 상자 (작은 박스 안에 거울을 바닥에 테이프로 붙여 넣으면 박스를 열었을 때 자기 얼굴을 볼 수 있음. 자기 자신이 최고의 보물이라는 것을 느끼게 하는 활동)
		
		• 유튜브에 '사춘기 몸의 변화'를 검색하면 애니가 검색됨.

〈활동1〉 신뢰의 원 〈활동2〉 해본 적이 있나요? 〈활동3〉 더 빙(The Being) 〈활동4〉 꼭 꼭 약속해요-나의 다짐글 쓰기		
〈활동1〉 신뢰의 원 궁금한 것을 친구들에게 물어보는 활동입니다. 활동 방법을 이야기하겠습니다. 경계선 줄로 원을 세 개를 만듭니다. 원으로 둘러선 후 돌아가면서 질문을 던지면 그 질문의 궁금함과 공감 정도에 따라 크기가 다른 원으로 들어가서 경험을 나눈다.	**예시1:** 생식기(고추)가 언제 까지 얼만큼 커지는 지 궁금하다. **예시2:** 나는 사춘기가 무엇이며 어떤 변화가 있을 지 궁금하다. **예시3:** 생리를 하는데 생리대가 너무 힘들어서 귀찮다. **예시4:** 나는 내가 뚱뚱하고 못생겼다고 생각한다. (모두 학생들에게 나온 질문들)	㉠ 경계선 줄을 작은 원, 중간원, 큰 원 3개

〈활동2〉 해본 적이 있나요. 자신의 경험을 이야기해보는 활동입니다. 활동 방법을 이야기하겠습니다. 원으로 둘러앉은 친구들 앞에 중앙에 나와 자신이 했던 경험을 크게 이야기합니다. 같은 경험을 했던 친구들은 다른 의자로 옮겨 앉습니다.	예시1: 나는 친구들과 함께 야한 동영상을 본 적이 있다. 예시2: 나는 친구들과 놀기 위해 학원에 가기 싫어 거짓말을 하고 학원을 빼 먹은 적이 있다. 예시3: 나는 누구와도 이야기하지 않고 방에 혼자 있었던 적이 있다. 예시4: 나는 짝사랑을 한 적이 있다.	㉛ 실내에서 움직이는 활동이므로 안전에 유의. ㉛ 의자
〈활동3〉 더 빙 (The Being) 활동 방법을 이야기하겠습니다. 모둠원들끼리 전지에 모둠원 중 한 사람의 몸을 그린 후 몸 밖에는 하지 말아야 할 일과 몸 안에는 해야 할 일을 협의 한 후 사인펜으로 글을 씁니다.	성적 발달과 관련하여 해야 할 일은 몸 안에 적과 하지 말아야 할 일 의논 후 정리하기 예시1: (할 일) 매일 씻고 속 옷을 매일 갈아입습니다. 예시2: 생식기가 다치지 않도록 장난치지 않고 소중히 다룹니다. 예시3: (하지 않아야 할 일) 밤 늦게 까지 게임이나 동영상 보지 않기 예시4: 친구 물건 만지지 않기	㉛ 전지, 필기도구, 색칠도구
〈활동4〉 시기를 일주일, 한 달처럼 필요한 기간으로 설정하여 건강한 발달을 위해 지금 나의 모습과 앞으로 내가 노력할 점을 카드에 각 각 적은 후 돌아가면서 발표해봅니다. (인지적, 사회적, 정서적, 신체적 발달 측면에서)	예: 현재 나의 모습 인지적 발달 – 숙제와 할 일을 미루는 　　　　　　　습관이 있다. 신체적 발달 – 키가 커졌다. 정서적 발달 – 짜증이 많이 나고 　　　　　　　말대꾸를 더 많이 한다. 사회적 발달 – 다른 사람을 배려하는 　　　　　　　마음이 더 커졌다. 예: 건강하게 발달하기 위해 노력할 일 인지적 발달 – 책을 많이 읽겠다. 신체적 발달 – 일찍 자고 일찍 일어나 　　　　　　　겠다. 정서적 발달 – 긍정적인 마음으로 　　　　　　　생활하겠다. 사회적 발달 – 친구들의 뒷담화를 　　　　　　　줄이겠다.	㉛ 활동지

맨 처음 수업을 진행하면 키득키득 거리면서 얼굴을 숙이고, 놀라고, 웃고 합니다. 그러나 수업이 진행되면 될수록 자신의 고민과 궁금증을 먼저 질문하게 되는 모습을 볼 수 있습니다. 성(性)에 대한 이야기는 자연스러운 관심사이고 선생님과 함께 공개적으로 이야기하여 궁금함을 해결하게 되면 사춘기에 어떻게 무엇을 해야 하는 지에 대하여 자연스럽게 말하게 됩니다. 보통 남자는 생식기와 몽정에 대하여, 여자는 생리와 얼굴 가꾸기에 대하여 그리고 부모님의 잔소리 대처법과 힘들 때 어떻게 해결하는지에 대하여 자연스럽게 이야기하게 됩니다. 친구들과 이야기를 나누다 보면 그 안에 답이 있을 때가 많습니다. 선생님이 해결책을 이야기하는 것이 아니라 아이들이 이야기를 하면서 해결책을 찾아가는 모습을 보게 되는 것이지요. 마지막으로 자신의 다짐을 적어보게 하면서 사명서(꼭꼭 약속해요!)를 낭독하는 것으로 마무리합니다.

2학기에는 심화 과정을 진행하게 됩니다. 초등학교 고학년은 2학기가 되면 나름 성지식이 많아진 만큼 왜곡된 성지식을 가지게 됩니다. 학생들에게 사전에 교사가 항목을 작성하여 미리 설문지를 돌린 후 학생들의 성지식 정도, 알고 싶은 내용들을 조사한 후 그에 맞게 활동을 조직하면 됩니다.

학생들이 기록한 설문지에는 임신, 출산, 야동, 자위. 성관계, 피임 등의 용어가 자연스럽게 등장합니다. 활동목록은 새롭게 구성해도 되고, 1학기와 같은 활동을 진행해도 됩니다. 똑같은 활동이라도 피드백의 주제가 다르고 또 한 번 해 본 활동이므로 더욱 더 적극적으로 참여하는 모습을 보게 됩니다. 부끄럽고 감추고 싶은 성이 아닌 자연스럽고 아름다운 우리의 성에 대하여 교사가 먼저 준비하고 다가가려는 노력이 필요합니다.

• 학급 뒤뜰야영을 즐겁게 만드는 모험놀이상담

학교는 누구나 거쳐 가는 곳이지만 누구든지 소속될 수 있는 곳은 아닙니다. 같은 학급으로 만난 것이 우연일 순 있지만 그 우연이 필연이 되어 1년이라는 시간을 무조건 함께해야 합니다.

1년이라는 시간 이후에도 우리들의 만남은 다음 학년에서 이어지며, 추억 속에서 이어집니다. 이처럼 영원한 관계로 이어지는 우리들의 관계가 즐겁고 재미있으며, 다함께 성장하는 만남이 되길 모두 바랄 것입니다. 오래도록 남을 추억의 한 켠을 채우기에 뒤뜰야영 만한 것이 없습니다. 하나로 어우러지며 하나의 학급임을 느끼게 하는 활동에 푹 빠질 수 있다면 오래도록 남을 추억의 뒤뜰야영이 될 수 있을 것입니다.

그래서 중고등학교에서 뒤뜰야영은 하나로 어우러지며 하나의 학급임을 느끼게 하는 활동이 주를 이룹니다. 이러한 활동으로 가장 좋은 것이 비경쟁협력활동으로 이루어진 모험놀이상담 활동입니다. 모험놀이상담 활동은 서로에게 신뢰를 가져다주며, 서로 소통하게 하며, 재미를 가져다 주고, 서로 협동하게 합니다. 그 결과 모두가 하나로 어우러져 추억의 한 자락이 되게 만듭니다. 뒤뜰야영을 위한 모험놀이상담 활동은 어떤 활동을 하던지 신뢰와 소통, 재미, 협동에 대한 놀이가 되도록 구성하면 좋습니다.

단계	주요 활동명	준비물	활동 목적 및 디브리핑
상호인식	미주알고주알 인터뷰	활동지, 펜	개인적이고 사소한 기억들을 공유하기 ▶ '이 친구에게 이런 면이 있었나?'라는 생각이 들었던 대답이 있었나요?
	무릎과 무릎 사이		몸 풀기
	재밌는 만남	활동지	별난 만남 활동 수행으로 친해지고 마음 터놓기 ▶ 다시 한 번 보고 싶거나 보여주고 싶은 만남이 있었나요?
분위기조성	당신은 이웃을 사랑하십니까?	발판 또는 의자	사소한 공통점이나 경험 공유하기 ▶ 가장 인상적인 질문은 무엇이었나요?
	해본 적 있나요?	발판 또는 의자	해본 적 있는 일 공유하기 ▶ 친구들과 나의 공통점은 무엇인가요? 이 활동 전과 후의 친밀감 차이가 있다면 왜 그런가요?
	짝꿍 태그		혼잡한 상황에서 둘이서만 서로 터치하며 스스로를 보호하기
	삼각 태그		두 명이 술래로부터 한 명 보호하기
	꼭짓점 태그		학급의 모든 친구들이 술래로부터 한 명 보호하기 ▶ 보호하는 역할과 보호받는 역할 중 선호하는 역할은 무엇인가요? 왜 그런가요? ▶ 여러 사람이 한 명을 보호하고자 할 때 어떻게 해야 할까요?
신뢰	불멸의 신	경계선	진짜 격려가 되는 격려 경험하기 ▶ 평소 자신에게 도움을 준 사람에게 보답하고 싶은 것이 있나요?
문제해결	다함께 일어서		다른 사람으로부터 배우며, 모두가 하나 되어 목표 달성하기 ▶ 문제를 해결하는데 기여한 사람의 말과 행동은 어떠했나요?
	발목을 붙여라	경계선	함께 걷는 길은 어려워도 성공의 기쁨은 두 배가 됨 ▶ 대열의 가운데와 가장자리에 있는 사람의 차이점은 무엇이라고 생각하나요?
마무리	행복한 착륙	활동지, 펜	오늘의 모험놀이 활동을 되돌아보는 글 써보기 ▶ 정말이지 읽어주고 싶다는 생각이 드는 글이 있나요?

※ 상기 시간은 실제와 다를 수 있으며, 활동은 단계에 따라 구성하되 상호인식과 분위기조성의 시간이 전체 시간의 반 정도 되게끔 구성하고, 총 소요 시간은 2시간에서 2시간 30분 정도면 좋습니다.

• 학급의 1년을 디자인하는 모험놀이상담 (4회기)

학년 초 3월은 1년 학급 경영의 첫 단추입니다. 모든 학생들이 새 학년, 새 반, 새 친구, 그리고 새로운 담임선생님에 대한 기대와 스스로에 대한 새로운 다짐으로 시작하는 3월입니다. 첫 주, 첫 달에 교실에서는 1년 동안 선생님과 아이들이 함께 할 여러 가지 약속을 하게 됩니다.

3월 첫 주는 공부습관, 교우관계, 학급규칙 등 많은 새로운 것들을 함께 정해야 합니다. 이 때 형식적이고, 일방적 전달 방식이 아닌, 모험놀이 상담 활동을 통한 소통하기가 이루어지면 서로에 대한 친밀감, 신뢰감이 형성될 뿐만 아니라 나와 너, 서로의 내면을 들여다보면서 성장과 치유가 이루어집니다. 또한 도전활동은 도전정신과 성취감을 불러일으키고 앞으로 무엇을 어떻게 해야 할 지에 대한 목적의식도 생겨나게 합니다.

모험놀이상담 활동은 목표에 맞는 적절한 모험활동을 고르고 알맞게 배치하여 구성하는데, 보통 '상호 인식-분위기 조성-신뢰 형성-문제 해결-반성과 마무리(디브리핑)'의 단계로 진행합니다.

3월 첫 주 혹은 2주에 걸쳐 창체 및 체육 시간을 통해 반 전체 학생들과 4회에 걸쳐 이 과정을 함께 하고 나면 아이들은 새 학년 새 학급이라는 낯선 상황을 즐겁게 극복하고 담임교사에 대한 신뢰와 기대감을 가지게 되며 이것이 학급에서의 학습 및 생활태도로 자리 잡게 됩니다. 4회기 활동이 끝나게 되면 자연스럽게 개별 상담 및 집단 상담의 효과를 얻게 됩니다. 학생들은 자신의 반에 대한 자부심과 자신에 대한 긍정적인 생각도 갖게 되는 모습을 보게 되실 것입니다. 그리고 3월 말 학부모 상담이 진행될 때 학부모님과 심화된 정보를 가지고 상담이 이루어지게 됩니다. 그래서 학생과 교사는 행복하게 되지요.

단계	주요 활동명	준비물	활동 목적 및 디브리핑
1회기 새로운 시작 및 나. 너 그리고 서로 알기	활동1: 인간보물찾기	인간보물 활동지	
	활동2: 범피리범범범	샤워커튼	〈활동 목적〉 • 소통하기: 서로를 알아가며 소통하기 • 친밀감 형성하기 • 관계 형성하기 • 실수 드러내기
	활동3: 까꿍		〈디브리핑 시 유의사항〉 학년 초 이름외우고 얼굴 익히고 친해지기가 주요한 내용입니다. 담임교사가 먼저 학생의 이름을 모두 외 운 후 활동을 시작하는 것이 좋습니다. 자연스러운 자기소개 활동이 끝나면 친구를 이해하고 친구를 대신 소개하는 활동을 통하여 우리 반 친구들이 모두 모두 소중한 보물이라는 것을 자연스럽게 인식하게 됩니다.
	활동4: 그룹저글		
	활동5: 미주알고주알 인터뷰	인터뷰지	
	활동6: 재밌는 만남	별난 만남 카드	
2회기 자신감, 성취감 및 학급규칙 세우기	활동1: 불멸의 신	경계선 줄	〈활동 목적〉 • 규칙 지키기 • 협력하기 • 도움주기 • 신뢰 쌓기 • 성공하기 • 문제 해결하기 • 도전하기
	활동2: 발목을 붙여라	경계선 줄	
	활동3: 꼭짓점태그, 삼각태그	경계선 줄	〈디브리핑 시 유의사항〉 성공적인 학급 운영을 위해 교사가 학생들과 약속할 몇 가지 학급 규칙이 있을 것입니다. 규칙을 은유와 비유를 통하여 활동을 통하여 깨닫게 할 수 있도록 진행하면 됩니다.
	활동4: 셔틀콕		
	활동5: 다 함께 일어서	셔틀콕, 보자기	

단계	주요 활동명	준비물	활동 목적 및 디브리핑
3회기 집중하기 및 학습태도와 기술	활동1: 곰, 연어, 모기	경계선 줄	〈활동 목적〉 • 집중하기 • 몰입의 기쁨 느끼기 • 핵심을 표현하기 • 도움주기 • 자신을 드러내고 단점 극복하기
	활동2: 명탐정 코난 (쉿! 비밀놀이)		
	활동3: 해본 적 있나요	마우스패드 (발판)	〈디브리핑 시 유의사항〉 놀이를 통해, 모험놀이상담 활동을 통해 공동체의 가치를 확인하고, 나의 공부습 관, 태도를 되돌아보고 반성하는 활동입 니다. 은유를 할 때 활동 목적을 분명히 하고 활동 도구들에게 의미를 부여하고 활동 후 디브리핑의 방향을 목적에 맞게 진행하면 됩니다.
	활동4: 3차원 지뢰밭	인형, 각종 장애물	
	활동5: 사랑의 집게	집게	
4회기 나에게 주어진 시간 위대한 마무리	활동1: 시간을 잡아라	인형	〈활동 목적〉 • 자신의 습관 되돌아보기 • 선택과 집중 순서 정해보기 • 성공한 후 자신의 모습 상상해보기 • 나눔 표현하기, 되돌아보고, 표현하고, 마음 다지고 나누기
	활동2: 열광의 풍선	풍선, 종이	
	활동3: 기묘한 횡단	경계선 줄	〈디브리핑 시 유의사항〉 선택과 집중의 훈련을 해보는 것, 자신의 나쁜 습관과 좋은 습관을 찾아보는 것, 그러기 위해 버려야 할 것을 찾아보는 것, 성공한 후 자기모습을 상상해서 그려보는 것. 자기 자신에게 다짐하고 친구들 앞에서 말해보는 것 이런 활동을 통하여 새로운 1년을 다짐하게 합니다.
	활동4: 행복한 착륙	통, 종이	
	활동5: 이야기 실은 붕 붕카	경계선 줄, 인형, 의자	

REFERENCE

- Adventure Education (Prouty Dick, Panicucci Jane, Collinson, Rufus 공저, Human Kinetics, 2007)

- Quicksilver (Rohnke Karl, Butler Steve 공저, Bertrams, 2010)

- 경기도모험상담교육연구회 (https://cafe.naver.com/bcadventureedu)

- 산업정보학교 학생의 자아존중감 및 대인관계 형성을 위한 모험상담 프로그램 개발 및 효과에 관한 연구 (방승호 저, 2009)

- 서울초중등모험상담교육연구회 (https://cafe.naver.com/abcroedu)

- 전시학습에서의 모험놀이 적용 정보수업의 학생 만족도 (박정일 저, 2016)

기적의
모험놀이상담

초판 1쇄 발행 2019년 7월 1일

지은이 박정일, 이지경
펴낸이 박기석
기획·편집 조성애, 장인영
디자인 올컨텐츠그룹

펴낸곳 ㈜아이스크림미디어
출판등록 2013년 12월 11일
신고번호 제2013-000115호
주소 경기도 성남시 분당구 판교역로 225-20 시공빌딩
전화 1544-3070
팩스 02-6280-5222
홈페이지 http://teacher.i-scream.co.kr

ISBN 979-11-5929-024-4 03370 CIP 2019025224